教 养
有礼貌的孩子未来不会差

［美］珍妮弗·L.斯科特 著
［英］克莱尔·欧文 绘
张晓敏 译

中信出版集团｜北京

图书在版编目（CIP）数据

教养：有礼貌的孩子未来不会差 /（美）珍妮弗·L. 斯科特著；张晓敏译 . -- 北京：中信出版社，2023.2

书名原文：Connoisseur Kids: Etiquette, Manners, and Living Well for Parents and Their Little Ones

ISBN 978-7-5217-4977-9

Ⅰ.①教… Ⅱ.①珍…②张… Ⅲ.①家庭教育 Ⅳ.① G78

中国版本图书馆 CIP 数据核字（2022）第 245903 号

Copyright © 2019 by Jennifer L. Scott.
Illustrations copyright © 2019 by Clare Owen
Published by agreement with Trident Media Group, LLC, through The Grayhawk Agency Ltd.
Simplified Chinese translation copyright © 2023 by CITIC Press Corporation
ALL RIGHTS RESERVED

本书仅限中国大陆地区发行销售

教养：有礼貌的孩子未来不会差

著　者：[美] 珍妮弗·L. 斯科特
绘　者：[英] 克莱尔·欧文
译　者：张晓敏
出版发行：中信出版集团股份有限公司
　　　　　（北京市朝阳区东三环北路 27 号嘉铭中心　邮编 100020）
承　印　者：北京尚唐印刷包装有限公司

开　本：880mm×1230mm　1/32　　印　张：7　　字　数：140 千字
版　次：2023 年 2 月第 1 版　　　　印　次：2023 年 2 月第 1 次印刷
京权图字：01-2016-3355
书　号：ISBN 978-7-5217-4977-9
定　价：42.00 元

版权所有·侵权必究
如有印刷、装订问题，本公司负责调换。
服务热线：400-600-8099
投稿邮箱：author@citicpub.com

送给我们的优雅儿童:
阿拉贝拉、乔治娜、威廉和托马斯

目录

前言 III

第一章　人际交往　001
第二章　餐桌礼仪　037
第三章　保持整洁　063
第四章　关怀他人　089
第五章　卫生与仪容　123
第六章　身心健康　151

优雅儿童的未来　210
　　结语　212

前言

童年生活总是令人激动万分，因为孩子们在一刻不停地学习新的东西，时时经历着全新的冒险。然而，儿童的成长有时也是艰巨的，因为他们被期待着去适应一个充满各种规则的世界。

孩子们要学习处理的问题包括且不局限于以下这些：遇到陌生人，你该怎么做？吃饭的时候怎样表现？要想照顾好自己的身体并保持卫生，你该做什么？如何让房间保持整洁超过一天？怎么告诉别人，你生气了？如何解决这些问题相当迫切，一旦孩子们学会如何应对，他们就能开始自信而快乐地享受生活的冒险了。

这是一本关于如何培养"优雅儿童"的书。怎样才算优雅儿童？想要回答这个问题，让我们先看看怎样才算"优雅"吧。优雅的意思是拥有不俗的品位。这意味着要对某个领域较为精通。举例来说，假如你热爱艺术，并且对它有了深入的钻研，你就是个艺术行家；如果你痴迷骑马，并且花费了大量精力在上面，懂得如何照料马匹，而且知道每一匹马的独特之处，你就是关于马的行家。

优雅儿童精通生活的艺术。童年时期是人生中最美妙的阶段之一。人们成年之后总爱回想童年那些最珍贵的记忆片段。小行家们能享受自己的年少时光，同时，他们也将学到不少成年后会派得上用场的新技能。

掌握社会礼节和行为举止规范，保持整洁卫生和健康，关怀他人……这些能力与日常生活息息相关，能帮助你将生活打理得井井有条。快来享受探索这些主题的乐趣吧。本书中还有独特的手工制作、菜谱、游戏和各种挑战活动。本书会让你和孩子的生活变得丰富多彩，也能激发你的想象，将好点子分享给更多的人。

如何使用这本书？

本书家长能读，孩子也能读，当然也可以亲子共读。与家人一起阅读和成长，也是一种高质量的亲情陪伴。如果孩子年龄够大，能独立阅读这本书，就让他们自己读吧，也可以让他们大声朗读给家人听。当然，陪着他们一起阅读最好。书中所提到的游戏活动将会对他们的既有想法造成挑战，希望这些活动能让他们开心，同时激发他们拥有一种过良好生活的热情。

步入这段令人激动而又充满发现的旅途，你会发现小行家的真正内涵。让我们现在就开始吧。

什么是礼仪？

礼仪是指有教养的行为。它包括我们在公共场合和独处时的行为举止。礼仪是非常重要的。你能想象一个没有礼仪的世界吗？起初，无拘无束似乎还挺有趣的，就像个超级大派对一样！可是仔细想想，一个没有规则和礼仪的世界是令人无法忍受的。没有人说"请"或"对不起"，谁想要什么就可以拿走什么，插队司空见惯。毫无疑问，一个没有礼仪的失序世界会让所有人都寸步难行！

英文中"礼仪"（etiquette）[①] 一词来源于中世纪的法语。它最初的含义是"远离宫廷的草坪"。这是当时人们都应当遵守的行为准则。而正如几百年前的人们要遵守法国宫廷的礼仪一样，我们今天一样也要守规矩。礼仪并不等同于繁文缛节，它们也可以很好玩！而且别担心，你不是一个人——全家都会陪着你一起练习！现在，让我们从最重要的地方开始学习那就是，与他人打交道。

---

① 中世纪时法国宫廷礼节烦琐，每次宴会前宾客都会收到一张小纸条，上面列出入宫后应遵守的礼节及着装要求，这种纸条被称为"etiquette"，后引申为"礼节、礼仪"。

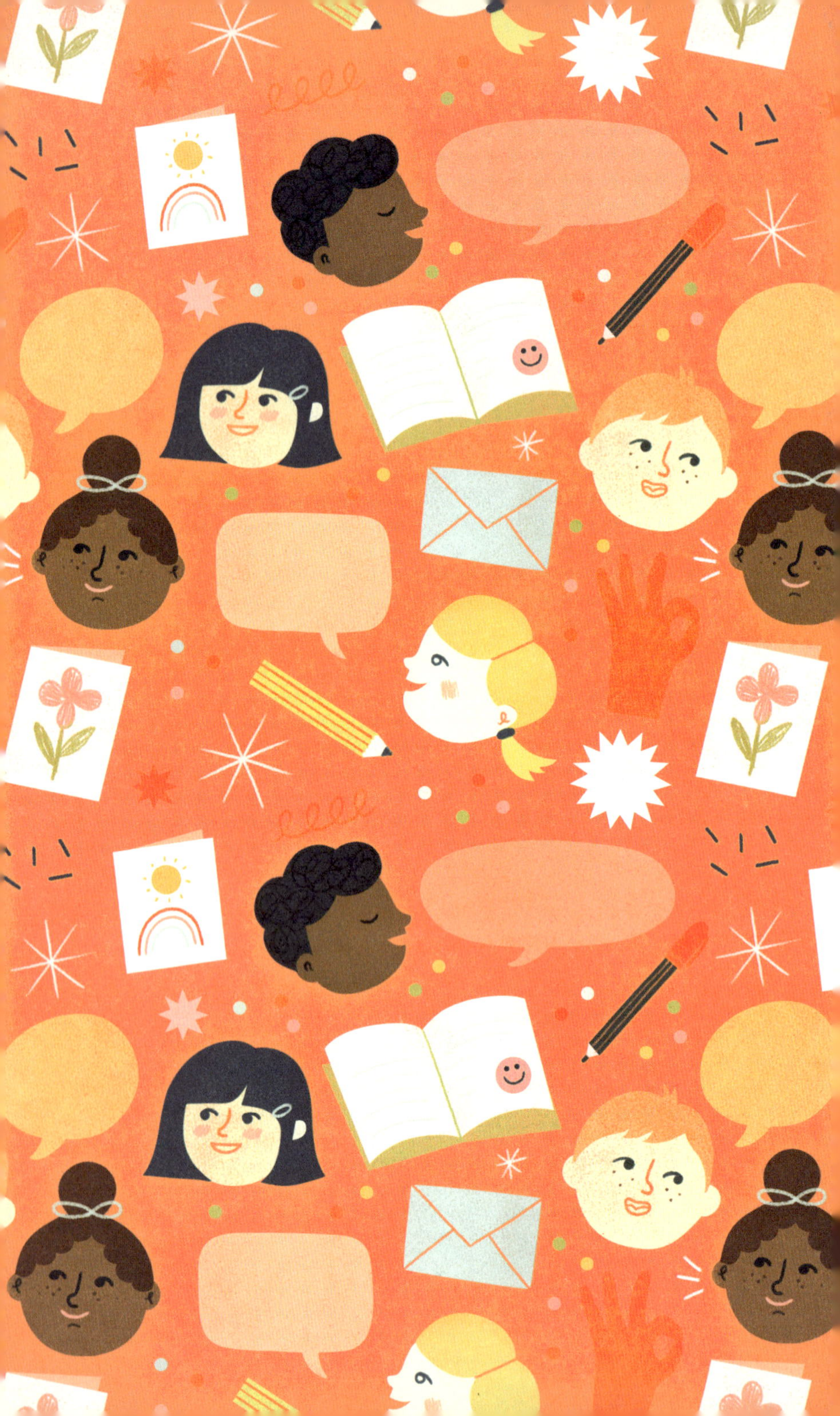

第一章

1

人际交往

家长们，本章的目标是：
1. 学习最适宜的沟通方式；
2. 良好沟通技巧的每日练习；
3. 享受与他人的交流。

交流是和其他人交换信息的方式，也是维系人际关系的手段。我们先从交流讲起，因为我们的生活是围绕各种人际交往关系展开的。作为优雅儿童，我们希望能与他人和谐共处，高效沟通。本章将给你提供一些交流方法上的指引，让你在人群中闪闪发光！

眼神交流

谈到适宜的交流，我们先要掌握的一个重要技巧就是眼神交流！你知道这是什么意思吗？它指的是跟人说话时要适当看着对方的眼睛。重要的是，不仅说话的时候要有眼神交流，聆听的时候也要如此。

说话时看着对方的眼睛，会让对方感觉自己是一个很特别的人。双方都知道彼此的声音被认真倾听了，因为看着对方意味着你将全部的注意力都放在对方身上了。

起初,这可能会让人觉得不自在。盯着对方眼睛看可能让你觉得有点滑稽。但只要持续练习,便会越来越自然。对着家人练习吧。比如说,当你妈妈跟你谈话时,看着她的眼睛。问她问题的时候也看着她的眼睛。跟爸爸交流的时候也这么做。甚至可以把你的兄弟姐妹也当成练习的对象。也许你还不习惯这么做,但看着别人的眼睛也挺有意思的。

如果有人对你说话,
看着他的眼睛,
让他知道你在认真倾听。
你会觉得自己很明智!

假如你是说话的人,
想要传递一些信息,
没什么感觉能比得上
真诚的目光交流!

眼神交流游戏

所需道具:
便利贴
几支铅笔

游戏方法: 这个游戏需要两个人一起玩。两人各拿几张便利贴,每张贴纸上写一个东西,比如灯、床、炉子、椅子、玩偶、叉子、电脑、猫等。如果你的玩伴年纪太小还不会认字,你们也可以把这些物品画出来。

准备好后,双方交换便利贴,但不要看上面的字!把它贴在各自的额头上。两人面对面,保持相向状态。然后,你要通过向对方提问的方式来确定你额头上的便利贴上写的是什么物品。举例来说,假设你的便利贴上写的是"台灯"。你和同伴的对话可能是这样的:

玩家1: 它在厨房里吗?
玩家2: 不在。
玩家1: 它在客厅里吗?
玩家2: 在。
玩家1: 它在我身上吗?
玩家2: 不在。
玩家1: 它会亮吗?
玩家2: 会
玩家1: 是台灯!
玩家2: 正确!

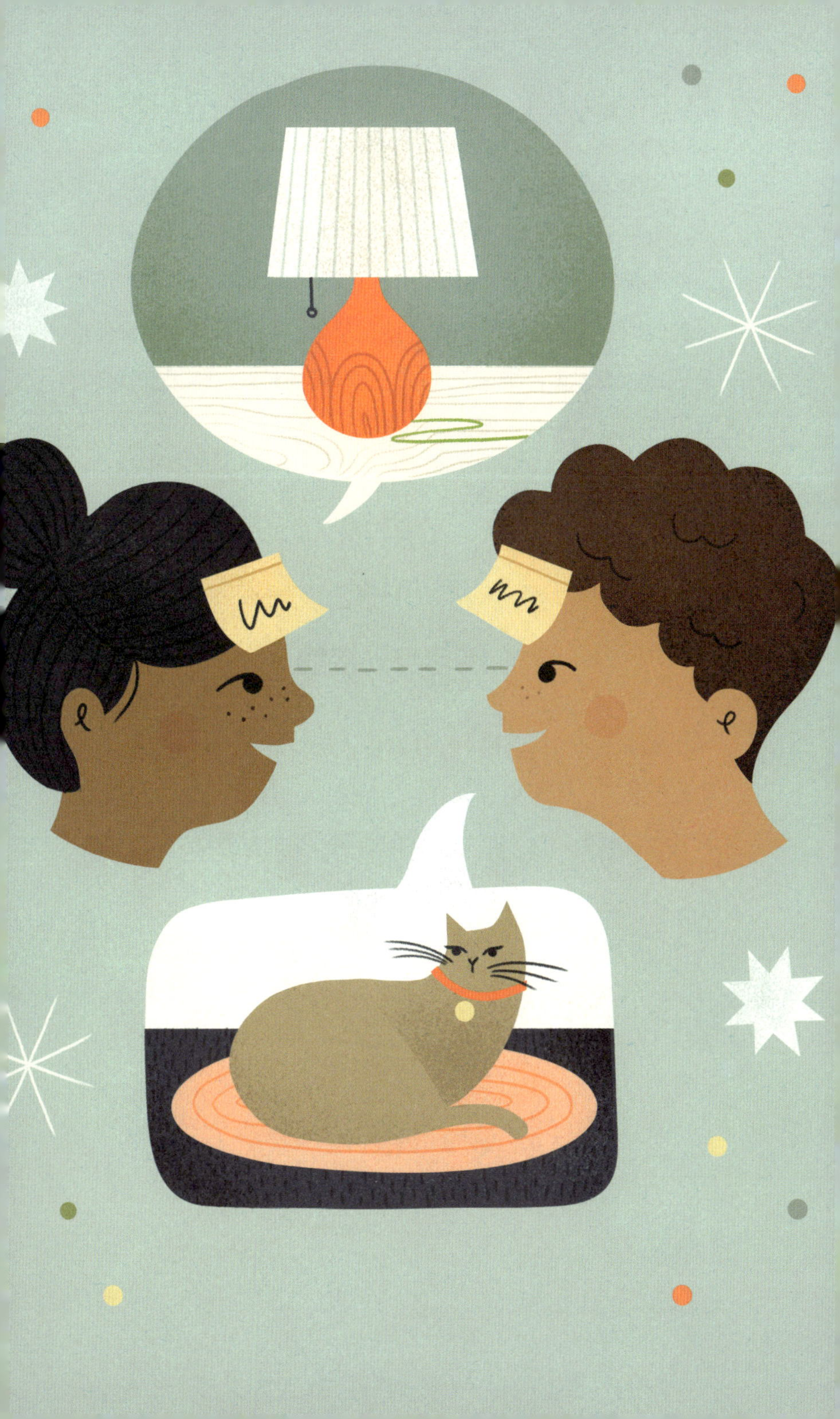

猜测自己额头上的便利贴写的是什么很有趣，但是这款游戏有一个规则。在提问或回答问题的整个过程中，必须与游戏伙伴保持眼神交流。眨眼是可以的，但是如果你看着下面或者其他地方，那么就轮到你的朋友猜了。当所有便利贴都使用完了，游戏才宣告结束。通过这款有趣的游戏，你很快就会习惯于在交谈中与对方保持眼神交流。

- 小任务 -

练习目光接触

从今天开始，和每一个交谈的人保持友善的目光交流。先和家人练习，着重留意，良好的目光交流会让你成为更好的聆听者。注意去感受人们看着你的眼睛说话时那种美好的感觉。

姿势

姿势是我们行走坐卧的仪表仪态。你可能不理解姿势与沟通举止能有什么关系，但它的确起着非常重要的作用。除语言沟通和眼神交流外，身体也是沟通的重要部分。

想知道我为什么这么说吗？那就跟着我说的来做吧。站在镜子前，低头垂肩。再做得夸张一些，耸起肩膀，伸出脖子，让你的头再垂下来，肚子向外挺。镜子里的你看起来怎么样？开心还是难过？无精打采还是活力十足？看起来今天过得好还是不好？

然后，再尝试以良好的姿势站立。挺直背部，让肩膀自然下垂，微微抬起下巴，收紧肚子。假装你被一根绳子牵着，就像你是一个牵线木偶一样。现在你看起来怎么样？开心还是难过？无精打采还是活力十足？看起来今天过得好还是不好？

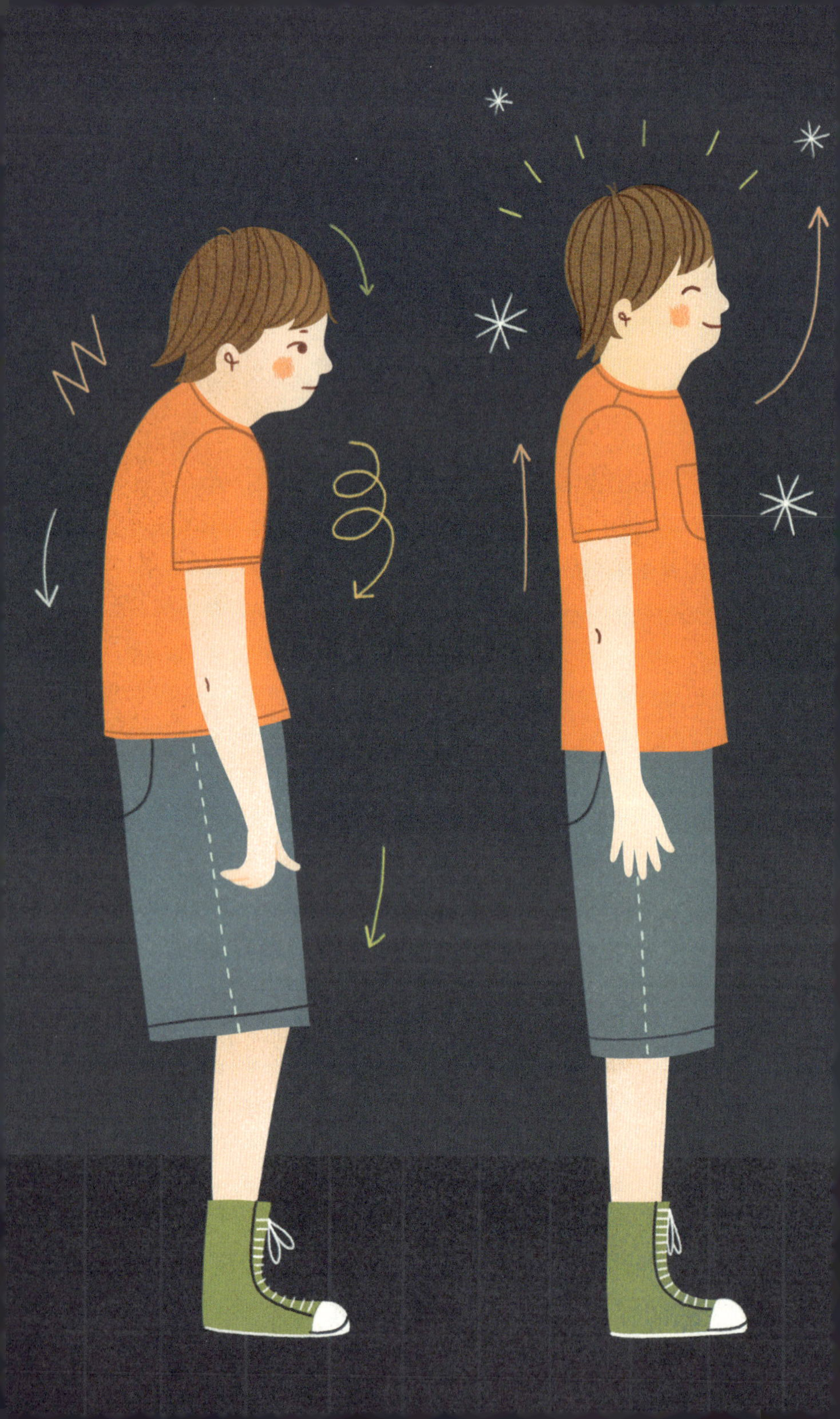

你明白姿势在与人交流中的重要作用了吗？如果你整天弯腰驼背，你的精神状态可能会显得慵懒而低落。但是，如果挺胸抬头，你看起来就已准备好迎接任何事情，乐观又充满活力！

> 一整天，站得笔直挺拔。
> 这个姿势意味着，
> 你一直都在全力以赴！
> 所以，不要弯腰驼背靠在椅子上，
> 挺身直立，表现出你的风姿！

– 小任务 –

保持良好的姿势

今日任务是拿出你最棒的姿势来。 无论是站还是坐，都要让自己的体态笔直挺拔。坚持一段时间，你会发现你的精力更加充沛了。这是一种很棒的感觉！练习良好的姿势，每天都是如此！

纸巾舞蹈游戏（助你养成良好姿势）

这个游戏可以和一两个人一起玩，不过人越多越开心，所以，叫上你的父母和兄弟姐妹一起吧。

所需道具：
每人 1 张纸巾
宽敞的空间
音乐

游戏方法：每个人在自己头顶放一张纸巾。播放音乐。玩家可以用自己喜欢的方式随着音乐跳舞。游戏目标是不让纸巾从头上掉下来。当纸巾开始掉落时，你可以调整它并继续；但如果它掉在地板上，就算出局，但你必须看完剩下的比赛。坚持到最后的人将获胜！这个游戏教你昂首挺胸，保持良好的姿势，即便是活力十足、顽皮时也一样。

把话说清楚

你知道什么是沟通吗？字典上的含义为"使两方能通连"。这是描述人们如何进行交谈的一种别出心裁的说法。

除交谈之外，还有很多其他的沟通方式，如书面文字、肢体动作和面部表情等。良好的沟通是一项重要的技能。在本节中，我们将学习如何进行良好的沟通。当你学会良好的沟通时，你会惊讶于自己的一天竟会如此顺利。

良好沟通的第一步是说清楚。你有没有听到有人喃喃自语？他们通常低着头不看你，而且说话的声音也太小，以至于你根本无法理解他的意思。和一个喃喃自语的人说话真是令人沮丧！

- 小活动 -

不能咕哝

试试这个：对着你的父母喃喃自语，看看他们是否能猜到你在说什么。现在让他们对着你咕哝。这个游戏可能会让你发笑，但是想想如果你每次和一个人说话你都听不懂那个人在说什么，那沟通起来该有多难！作为优秀的沟通者，我们的首要目标应该是把话说清楚，让我们的声音像钟声一样清晰地传入对方耳中。现在试着用你最清晰的声音说出你想说的话。坐直，看着对方的眼睛，说出要说的话。就是那样，你做得更好了！下面这个练习可以帮助你说得更清楚。

绕口令

绕口令很有趣。练习用清晰的声音说出它们。可以找一个伙伴，两人面对面说绕口令。也可以自己对着镜子练习，这样你就可以看到自己的表现。

碰碰车，车碰碰，
坐着朋朋和平平。
平平车碰朋朋，
朋朋开车碰平平，
不知是平平碰朋朋，
还是朋朋碰平平。

– 小任务 –

练习清楚地说话

今天，你的任务是把每句话都说清楚。尽量不要咕哝。就像练习绕口令时所做的那样，清晰地说出每个字。咬字清晰，不要含糊不清。通过日常练习，清晰流利的表达将变成一种好习惯。

– 人物聚光灯 –

亚历山大·格雷厄姆·贝尔

亚历山大·格雷厄姆·贝尔（1847—1922）是美国发明家，因 1876 年发明电话和 1878 年建立贝尔电话公司而闻名于世。贝尔还毕生致力于帮助聋人，并于 1890 年成立了美国聋人言语教学协会（现为亚历山大·格雷厄姆·贝尔聋人和听力障碍协会）。贝尔于 1922 年 8 月 2 日在他位于加拿大布雷顿的家中平静地去世。贝尔是通信领域的重要创新者。在他去世后，整个电话系统关闭了一分钟，以纪念他的突出贡献。

说"请"

现在我们已能表达清楚,很好地使用眼神交流,也拥有了一个良好的姿势,似乎万事俱备!接下来,让我们进入细节,谈谈我们实际使用的那些词语。每个人都知道,说"请"和"谢谢"是很重要的。当你想要某样东西时说"请",当你收到它时说"谢谢"。"请"经常被视为神奇的字,如果没有它,你可能很难得到你想要的东西。

试想一个没有人说"请"的世界。你会听到人们说"把那个给我!"和"我现在就要!"这两个短语都不甚悦耳。它们是相当粗鲁的。显而易见,说"请"是令人愉悦的。这正是它神奇的地方。说"请"可以让"把剪刀递给我!"这样一个讨厌的短语变成一个令人愉快的短语——"请把剪刀递给我。"

当你说"请"的时候,
礼貌温和的语气能让人们感到轻松。

记住在你要求什么的时候都要说"请",无论事情大小。说"请"会使你的请求显得更加友善。你可以通过学习下面的礼貌用语对照表来了解这一点。

礼貌	不礼貌
"请问,我可以吃点冰激凌吗?"	"我想吃冰激凌!"
"请你把西蓝花递给我,好吗?"	"把西蓝花给我!"
"能不能请你打开这个?"	"打开这个!"
"请你辅导我做数学作业,好吗?"	"辅导我做数学作业。"

当你说"请"的时候,一定要使用你已学到的新技能,把话说清楚并使用眼神进行交流。

致谢

说"谢谢"非常重要,因为这表达了你的感恩。一句诚挚的"谢谢"收效巨大,而且能让你想起感恩的事情。你可以对每个人说"谢谢",比如父母、老师、餐厅服务员、帮你拉着门的可爱女士。表达感谢有很多种方式,可以直接口头说"谢谢",也可以用一个温暖的微笑来表示,或者你也可以写一封感谢信来致谢。现在让我们来看看这三种不同的方式吧。

说一声"谢谢"

让我们练习带着眼神交流说谢谢。和你的家人一起尝试一下这个活动。先让他们假装送给你一个礼物。这个礼物可以是任何东西,从房间里的玩偶到书桌上的铅笔都行。当你接受这份礼物时,低下头,咕哝着说出"谢谢",同时眼睛瞧着别处。这时候你是什么感觉?再问问家人又是什么感觉,他们会认为接受礼物的你充满感激之情吗?

现在让我们再来一次。这次请清晰响亮地说出"谢谢",边说边看着他们的眼睛并且面带微笑。此时你的感觉又是如何?相信你的家人一定会有一种特别棒的感觉!一定别忘了说"谢谢"的时候声音要清晰响亮,注重眼神交流,这样才有最好的效果。

- 小活动 -

感恩清单

<u>写下你所感激的 10 件事情。</u>把家人聚在一起,与他们分享你的感恩清单。你可以在他们面前把它念出来,就像朗诵表演那样。确保你在说话时有良好的仪态,这将使你显得更加郑重!当然,要确保用清晰的声音朗读清单。当你完成后,和你的家人交流一下他们心中所感激的事情。

感恩清单:

1.

2.

3.

4.

5.

6.

7.

8.

9.

10.

表达感恩的节日——感恩节

在每年 11 月的第四个星期四,美国民众欢庆感恩节,这是表达感恩最重要的节日。人们与家人和朋友聚集在一起,为生活中得到的美好祝福而感恩。学会对家庭、朋友和食物表达感恩非常重要。说说你最想向谁表达感恩,又想对他说些什么呢?

用微笑表达感谢

有时我们无法口头表达谢意,所以会用微笑和点头来表达对他人的感激之情。你可能见过你的父母在车上就是这么做的。如果在路上,其他司机让你们的车先走,你的妈妈或爸爸可能会向对方挥手和微笑。他们挥手的意思就是"谢谢"。当你不能大声说"谢谢"时,你可以用身体动作来表达感谢。一个微笑,一个点头,一个挥手,即便隔着一段距离也能传达你的感激之情。想一想你曾用微笑感谢过别人吗?

感谢信

书面语言是另一种表达感谢的方式。当你收到别人的礼物时，一定要记得送上一封感谢信。你可以自己制作一张卡片，这会更有意义。如果你不喜欢画画，写一封感谢信就可以了。收到信的人会因为你的举动而感到开心，并发自内心表示感谢。感谢信的内容多种多样。通常情况下，当你写感谢信时，你是针对给你礼物的人。你可以写"谢谢你的礼物"，并加上一两条你喜欢这个礼物的原因。然后，在信的最后签上你的名字。下面试举一例：

> 亲爱的艾美阿姨：
> 您好！
> 　　谢谢您在我生日时送我的雪球。我非常喜欢摇晃它，欣赏雪落在房子上的美景。它让我想起了我最喜欢的季节——冬季！
> 　　　　　　　　　　　　　爱您的，
> 　　　　　　　　　　　　　奥利维亚

现在轮到你了。在下页的横线上练习写一封感谢信，对家人表达感谢。

感谢信一定要以称呼开头。可以先写"亲爱的"和他们的名字，再加一个冒号。然后，写上"谢谢"以及表示感谢的原因。你可以用任何方式签署你的名字。例如：

爱您的
真诚的
你的
致以最好的问候！
致以最好的祝愿！
致以温暖的问候！
感激的
…………

当给家人写信时，比如说写给你的祖母，落款时最好用"爱您的×××"。当写给朋友及同事时，使用"真诚的"等更为贴切。

第一章 人际交往

– 小手工 –

3 种手工感谢卡片

水彩卡片

提前准备一些感谢卡片,然后用水彩画给它们增添一些个人风格。收集一些白色卡纸或厚水彩纸。剪出至少 5 张卡片。在卡片的正面,让你的艺术才华在水彩中绽放吧!画上任何你想画的东西。记得要留出空白,以便书写。在背面,再画一幅小画,或者画一幅"条形码",就像在商店里买的卡片那样。等水彩干透以后,你就获得了一张个性化的水彩卡片,可以在下次收到礼物时送出去。

包装纸卡片

节日结束时,总会剩下一些包装纸的碎纸片。用这些碎纸片来制作漂亮的感谢卡,以实现二次利用!用厚纸剪出卡片,并将碎纸片粘在卡片的正面。如果你喜欢的话,可以留一个边框,或者用彩纸剪出一个互补色的边框。提前准备好节日卡片。要知道,当节日结束后,我们需要为收到的礼物向他人表示感谢。

干花卡片

到自家的花园里去摘一些花。薰衣草和玫瑰花效果最好。把你的花倒挂起来,晾晒一周。当它们干了以后,从花上取下花瓣,把它们粘在卡片上。它们能让卡片变得更美丽,无论谁收到美丽的干花卡片都会很高兴。

感谢信小贴士: 当你打开礼物后,记得马上写一封感谢信。这样,你就不会忘记或拖得太久了。

在你收到礼物后,
写一封感谢信。
立即行动,不要拖延!
就是现在,要迅速!
明天可能会忘,
明天转眼过去。
写下你的感谢信。
拿起笔,别害羞!

当你生气时，要记得感恩！

你有没有过那种倒霉透顶的日子？感觉一切都不对劲。踩到了水坑，袜子湿了一整天；有人在学校说你坏话；姐姐把你推到一边自己抢先上了车；家里的冰棒吃完了……正如你所看到的，这是非常糟糕的一天！好吧，如果遇到了这种日子，战胜它的最好方法是专注于你所感谢的事情。生活中总会有一些东西值得你去感谢。你可以为有东西吃和有床睡而感恩。你可以感谢你的狗狗，是它在你伤心的时候安慰你。你可以感谢你最喜欢的书籍。你可以为妈妈温暖的拥抱而感恩。你甚至可以仅仅为活着本身而感恩！

一般来说，生气的时候，感恩不会是你首先想到的做法，但你可以训练自己这样思考。需要的话，在你的床边放一本感恩日记，你可以记下你所感激的一切。如果某天你完全想不起来要感激什么，可以拿出你的日记本，阅读感恩清单。做完这些，你会感觉好很多。有时，当一切似乎都不顺利时，只关注不好的事会让你陷入沮丧之中。把注意力转移到让你高兴和感激的事情上时，坏日子就可以翻转过来啦！

说"不客气"

我们知道,当我们寻求帮助时应该说"请",得到帮助时应该说"谢谢",但如果你是那个做了好事的人呢?当有人对你说"谢谢"时,你可以回他"不客气"。

另一种表达"不客气"的方式是"这是我的荣幸!"这意味着你很高兴能帮助对方。说"不客气"意味着你已经收到了别人的感谢,事情已经完成。"不客气"是礼物包装上扎的漂亮蝴蝶结。

> 当你为别人做了一件好事,
> 他们要对你表示感谢的时候,
> 一定要回一句"不客气"。

不同语言说"请"、"谢谢"和"不客气"

中文	英文	法文	西班牙文	意大利文	日文
请	please	s'il vous plaît	por favor	per favore	onegaishimasu
谢谢	thank you	merci	gracias	grazie	arigatō
不客气	you're welcome	de rien	de nada	prego	dōitashimashite

问候语

每天,我们都会向人们打招呼。"你好"是最常见的问候语,但使用其他问候语也很好。"早上好""下午好""晚上好"都很有趣。问候语的关键是要说清楚,并使用你一直在练习的眼神交流。

询问别人状态怎么样是有礼貌的表现。你通常可以在问候语中加上这一点。"早上好,威廉姆斯先生。你好吗?"或者"你怎么样?"询问他人情况的常见方式是"过得怎么样?"你可以对你的同龄人使用这些问候语,但在对成年人和新认识的人讲话时,请尝试使用更正式的问候语。更正式的问候表达了尊重,而我们应该始终尊重长者。

不同语言的问候语

中文	英文	法文	西班牙文	意大利文	日文
您好	hello	bonjour	hola	ciao	kon'nichiwa
早安	good morning	bonjour	buenos días	buon giorno	ohayōgozaimasu
午安	good afternoon	bonne après-midi	buenas tardes	buon pomeriggio	kon'nichiwa
晚上好	good evening	bonsoir	buena noches	buona sera	konbanwa
再见	goodbye	au revoir	adiós	arrivederci	sayōnara

如何礼貌地打断别人

为他人着想并不总是意味着帮助他们或做点让他们高兴的事情,还在于表达出对他们的尊重。如果我们以他人为先时,有些事情我们就得往后放一放。当你特别想问父母点事情,但他们正在交谈,怎么办?换句话说,如果要打断他们,最好的办法是什么?假如遇到了紧急情况,你可以立即打断他们的谈话。例如,你的狗刚刚逃跑了,跑到了街上。你可以打断他们的谈话,告诉他们这件事。如果并不紧急,比方说想吃冰激凌,或者想知道你是否能和邻居一起玩,你就应该耐心等待,直到他们的谈话出现停顿。然后你说:"对不起打断一下,我可以吃点冰激凌吗?"或者"对不起打扰一下,我可以和邻居玩吗?"等待谈话停顿,说"对不起"是一种有礼貌的打断方式。

良好的握手方式

当你第一次见到某人时,你可能会与他握手。练习良好的握手方式,你会在认识新朋友时感到自信。握手的关键是你已经掌握的技能之一:眼神交流。当你和别人握手时,要同时看着他们的眼睛,露出热情的微笑。通常情况下,每个人都用右手握手。即使你是左撇子,你也可能会用你的右手握手。伸出你的手,与对方握手,拇指在上,其他手指在下。你的握力应该是中等的,不要太强。在与对方保持目光接触的同时,用你的手与对方握3秒左右。握完后,便可以松手了。现在就和你的家人练习如何握手吧。

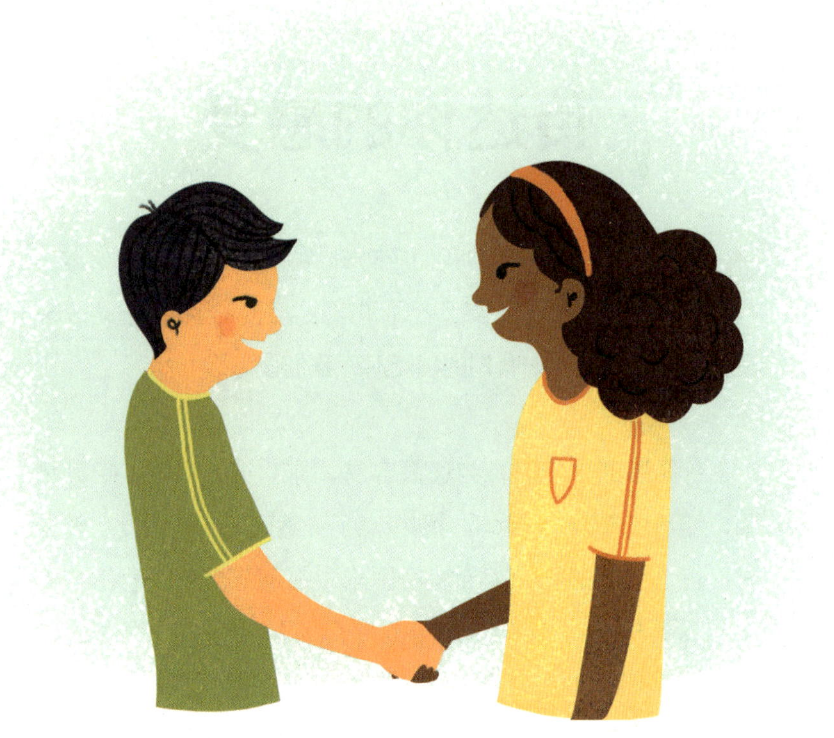

传达你的感受

新的沟通技巧将帮助我们应对日常挑战和互动,例如结识新朋友以及与朋友、老师和家人交流。当我们需要表现更复杂的事情,例如我们的感受时,我们该怎么办?

当你感到快乐时,沟通很容易。你欢笑、唱歌、手舞足蹈,都是在告诉人们你幸福到极点了。然而,当情绪发生转变时,传达内心的感受就会变得困难。你可能会感到悲伤和不安,想要表达出来,但结果却是哭了,说不出话来。如果这发生在你身上,那没关系!难过的时候哭是好事,不要把它藏在心里。但是当你哭完之后,你如何把你的情绪告诉别人呢?当你感到悲伤时,不要把它压在心里,独自承担。和别人倾诉你的感受吧。告诉你的妈妈、爸爸或兄弟姐妹你的感受。合理表达你的感受是一件有益的事。

当你只是单纯地生气时呢？这个时候最难沟通。当你还是个小孩的时候，你可能会通过使性子来表达你的愤怒。你有没有见过蹒跚学步的孩子一不满意就会发脾气？他们尖叫、踢腿、挥舞手臂。有时他们会扑倒在地板上，然后夸张地滚来滚去。也许你有个弟弟或妹妹就是这么做的。有时，当你看到这样的举动时只想大笑。为什么？因为他们的反应是如此傻气和大惊小怪！但在我们嘲笑他们的反应之前，也应该想想自己生气时的沟通方式。我们可能不会再尖叫着扑倒在地板上，但是当我们生气时，可能不会以最好的方式表达我们的愤怒。

假如你的兄弟激怒了你，你可能会踢他或推他，或者从他手里抢东西来报复他。这些都不是表达愤怒的良好方式。当你气得火冒三丈时，最好的办法就是停下来。为什么要停下来？当你生气时，你可能会做出一种所谓的"膝跳反应"。

什么是膝跳反应？你有没有看过医生用橡皮槌轻轻敲击膝盖？如果敲到了膝盖的某个地方，腿可能会在毫无知觉的情况下弹跳。

同样，我们愤怒的反应会发生得十分迅速，不知不觉中，你已经做了一些让你后悔的事情。你可能会打人、尖叫或扔东西。如果你处于正常状态,你就不会那样做。所以生气的时候就停下来,深呼吸几次,去喝点水冷静下来。你甚至可以哭出来。与其以一种你会后悔的方式表达愤怒,不如好好哭一场。

冷静下来之后,你就可以去跟对方沟通了。你可以平静地向他们解释你为什么不高兴。如果你冷静而不生气,你的朋友会更愿意听你说话。感到生气是正常的,但关键在于如何处理它。停下来,休息一下,呼一口气。然后回到情绪稳定的状态,冷静地解决。

- 小任务 -

使用你所有的沟通技巧

成为沟通的行家。 你在本章中学到了很多技巧,从通过眼神交流、把话说清楚,到表达感谢和传达感受,应有尽有。无论遇到怎样的状况,都以良好的沟通来应对。一旦你学会了沟通,生活中就会有很多扇门向你敞开。你会在学校表现更好,避免更多冲突,变得自信满满且值得信赖。将这些课程的内容打通融合并将它们应用到日常生活中,享受其中的乐趣吧。年纪大一点的人会惊叹于你的谈吐是这样好。你的行为会向他们证明你是一个优雅的儿童!

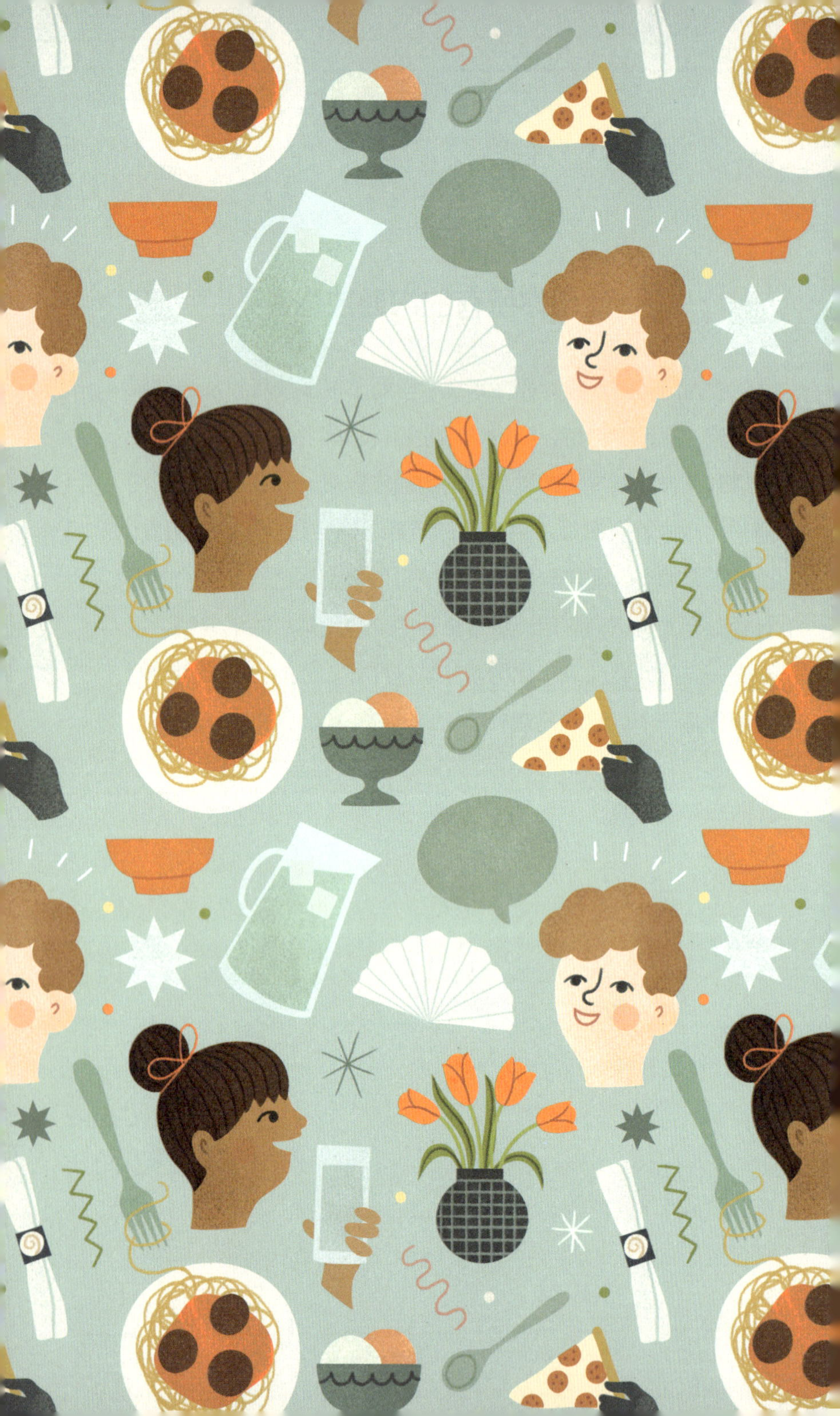

第二章

餐桌礼仪

家长们，本章的目标是：
  1. 了解餐桌礼仪；
  2. 每餐都要练习；
  3. 与他人一起享用每一餐。

学习礼仪举止，并表现得合乎时宜，会让你在很多场合都感到轻松。我们习惯在家里吃饭、早餐、午餐、零食和晚餐。但有时我们会在外面吃饭，在学校、去餐馆或被邀请到朋友或亲戚家吃饭。当我们在家中学会良好的餐桌礼仪时，我们也可以让它们"如影随形"，使我们在任何用餐环境中都能表现得体、感到惬意。

你可能想知道为什么需要餐桌礼仪，因为似乎没有谁能真正做到。当和你坐在一张桌子上的孩子们打破了所有规则时，你可能也想这么做，这样才能融入其中。但这个时候你要成为一个好榜样。无论你周围的其他人是怎么做的，你都可以因为无可挑剔的餐桌礼仪而闻名。他们可能也想知道你为何会如此特别。

- 小贴士 -

积极给予帮助

用餐前，请务必询问你能帮着做点什么。 你可以做很多事。你可能需要招呼其他家人，让他们知道开饭了。你可以磨碎一些奶酪或搅拌酱汁来帮忙一起准备这顿饭。你可能需要在大家坐下之前把桌子擦干净。关掉电视放点音乐可能也是你的工作。你也可以帮忙给大家倒水，甚至可能会被请求布置餐桌！饭前，主动询问你能帮点什么忙，相信你会得到一份重要的工作。

布置餐桌

布置餐桌是帮助父母准备晚餐的好方法。它也可以很有趣，因为你可以发挥创造力。布置餐桌的方法有很多！你可以使用餐具垫、桌布或两者一起使用，也可以使用餐巾或餐巾纸。挑选要用的盘子也经常是一件乐事。

这一切都取决于你晚餐将吃什么。例如，如果你要吃辣椒，则需要盛放辣椒的碗与盛放沙拉和玉米面包的盘子。如果晚餐没那么正式，例如吃比萨，则需要盘子和餐巾。把布置餐桌当成一项游戏挑战吧。目标是让餐桌看起来尽可能漂亮。布置精美的餐桌将使晚餐体验变得特别。当然，也不必花哨或过分复杂。一条简单易记的规则是餐巾总是放在盘子的左边，刀和勺子放在盘子的右边。按照使用顺序放置餐具，最先要用的放在外面。这样，吃饭时你就可以从外到内选用餐具了。参考下面的指南，你将会产生许多布置餐桌的想法。

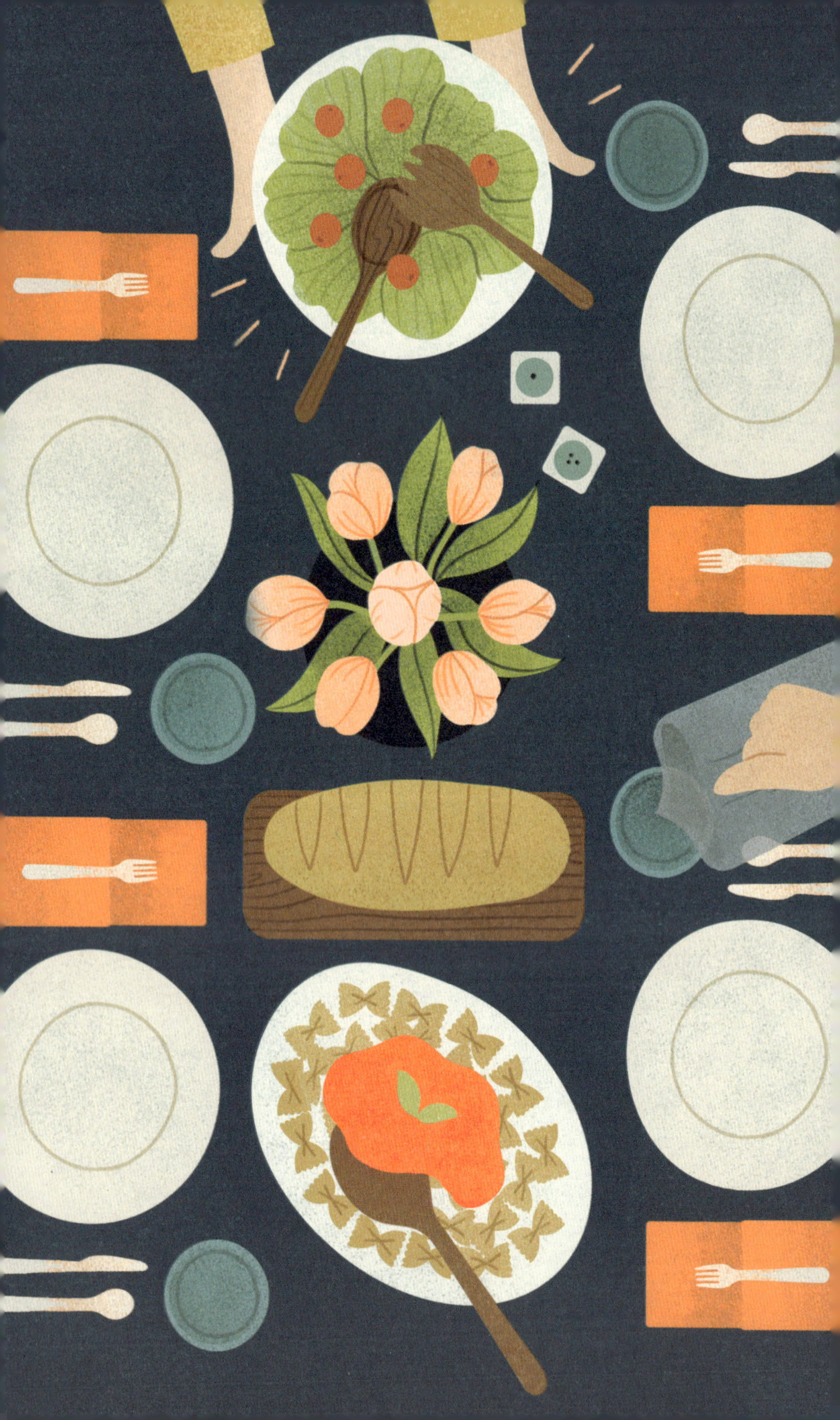

标准餐桌布置：在桌上每个座位前放一个餐垫。餐盘放在餐垫上，沙拉盘放在餐盘上。餐巾放在餐盘的左边。叉子放在餐盘的左侧，刀放在右侧。将饮料杯放在餐位的右上角。

为配汤的晚餐布置餐桌：在餐桌上放上餐垫或桌布。在每个餐位上放一个装汤的大碗。将配菜（玉米面包或沙拉）放在左侧。饮料杯放在右上角。将餐巾放在碗的左边。将叉子放在左侧（用于取用沙拉或蘸酱），勺子放在右侧。

在餐桌上摆放鲜花

如果爸爸妈妈在装饰餐桌上需要帮忙,你可以主动提出帮他们摆放鲜花。布置精美餐桌的秘诀在于花要摆低一点。如果你正在与桌子对面的人交谈,你希望能够看到他们的脸,而不是一大堆鲜花。

让鲜花变低的关键是使用矮花瓶,而不是高花瓶。找一个矮花瓶,装上适量的水。进入院子,剪下适合花瓶的鲜花和绿叶(当然,先问问妈妈或爸爸)。你可能需要多次修剪才能让花束显得高低有致。修剪玫瑰的时候要戴上园艺手套,以免被刺伤。

如果因为季节不对,你的花园里没有任何鲜花,可以发挥创意采摘一些漂亮的绿色植物。常绿树枝和红色浆果在冬天摆在桌上再漂亮不过了。运用你的想象力来做一束低矮的鲜花装饰吧。相信你的家人会感谢你将餐桌布置得如此美丽。

- 小手工 -

餐巾环

利用好餐巾环是打造餐桌风格的一个相当不错的办法。你不需要专门去商店买餐巾环,可以自己制作!下面有三个好点子。

丝带餐巾环:只需用一条丝带或麻线在折叠的餐巾上系一个蝴蝶结,你马上就获得了一个优雅的餐巾环。

纸板餐巾环:当你用完一卷卫生纸后,留下里面的纸筒。将直筒切成六到八个同样大小的环。现在你可以用它们制作餐巾环。给这些纸板环涂上颜色,然后在上面粘上一个"宝贝",比如一个小贝壳或一朵干花。

串珠餐巾环:你需要珠子、金属细线和剪刀。剪下一段15厘米左右长的金属细线。在细线的末端绕个小环,将线缠绕几次以固定金属圆环。现在将珠子以漂亮的图案串在线上。它们会被卡在小环上。在线的另一端留出2.5厘米左右的长度。将其绕成一圈并将线的末端绕在餐巾环上,直到珠子形成一个稳定的餐巾环的形状。

折叠餐巾

你有没有去过高档餐厅并观察他们如何折叠餐巾？有时叠成玫瑰的形状，有时叠成天鹅的样子，有时甚至可以叠个澳大利亚的悉尼歌剧院出来！叠餐巾也是一件趣事，当你学会几种简单的叠法时，可以让你的餐桌看起来很特别。以下是3种简单的餐巾折叠技巧。

口袋形叠法：将餐巾平铺在桌子上，对折，然后再对折。它现在应该看起来像一个正方形。将开口的最上一层沿对角线向下折叠，使其尖端位于餐巾折叠角的顶部。翻面，将开口朝上。先将餐巾的一边向1/3处折叠，另一边也向1/3处折叠，底端塞进小三角形里。再次将餐巾翻面，你就得到了一个可以放刀叉的口袋。

扇形叠法：将餐巾平铺在桌子上。现在把它像手风琴一样折叠起来。用丝带或上面制作的餐巾环固定底部的1/3。当你将餐巾平放在盘子上时，将手风琴散开。

蝴蝶结叠法：将餐巾折叠成矩形，并用丝带或你制作的餐巾环将中心固定住。现在让两侧散开并将其平放在盘子上。它看起来像个大蝴蝶结。

桌前坐态

你已经坐在布置精美的桌子旁,别忘了还有一些礼仪要遵守。

提示一:等到每个人都坐下,菜也都上好了,你再开始吃。你的积极性很高!但是为了礼貌起见,要等到每个人都坐好,并开始吃饭后,你才能开始吃。耐心地等待菜品都上好了,你们就可以一起开始用餐。否则,你可能在别人还在吃的时候就早早地吃完了。

提示二:一定不要张着嘴咀嚼或嘴里都是食物的时候说话。吃的时候,请细嚼慢咽。如果你想说话,等把食物咽下去后再说话。只要你见过有人张着嘴咀嚼,就会知道这看起来不太雅观。永远不要着急。你肯定能做到每次都咽下后再说话。

提示三：请别人把东西递给你。如果纸巾够不着，千万不要趴在桌子上去拿，可以请离纸巾最近的人把它递给你。想要加菜或加水的时候也是一样。任何情况下，当你够不着想要的东西时，礼貌地请求别人把它递给你。例如，你可以说，"爸爸，你能把纸巾递过来一下吗？谢谢"。

提示四：吃饭时别乱动。如果你在餐桌上晃来晃去，不仅会扰乱他人的注意力，而且很危险！当你咀嚼食物时，应该尽可能保持安静；否则，肚子里的食物就没法顺利地消化，这是很让人难受的事情。另外，乱动的话，你可能会从椅子上摔下来。

如果你有用餐时乱动的习惯，
请停下来。
你一定不想被食物呛到，
也不想把餐桌弄得乱糟糟。
更糟糕的是，
乱动会让你陷入危险。
当你从椅子上掉下来时，
整桌人都会发出惊呼。
如果你有用餐时乱动的习惯，
请停下来。
等到合适的时候再活动，
比如你外出游玩的时候！

提示五：坐在椅子上保持良好的姿势。要尽可能坐直，别在餐桌前弯腰驼背。你很可能听说过那个众所周知的规则：手肘别放在桌上。这条规则针对的是你的姿势。如果把手肘放在桌子上，你就可能身体前倾悬在食物上。所以，尽可能保持坐姿笔直。

如今，很多人会紧贴着餐桌，以免将食物碎屑弄到腿上。这也很有道理。但是，我们也可以在保持良好体态的前提下将身体略微前倾，并使夹取的食物位于盘子上方，以达到同样的目的。

提示六：在离开餐桌之前请求允许。你不会想要一吃完就马上站起身来。留下来说说话，享受宴会带来的欢聚时光。好好放松一下，不要匆匆忙忙。当晚餐明显快要结束时，你可以问你的父母，"我可以离开吗？"，这才是礼貌的做法。

提示七：感谢厨师。向厨师表达你的感激之情，无论厨师是你的妈妈、爸爸、奶奶、爷爷还是其他人，这样做都会让他们有一种被欣赏的感觉。如果是在餐厅用餐，请在用餐结束时感谢服务员。如果在朋友家用餐，请务必感谢他们的父母。一日三餐中包含了太多的东西，表达你的感激之情是一件重要的事情。

提示八：把吃完的盘子放进水槽。晚餐后，你可能在厨房还有其他的活要干，但至少要把自己用过的盘子放回水槽。起身时不要忘记把椅子推进去。当所有的椅子都回到原位时，房子看起来就更整洁了。

通过一段时间的练习，你会成为这方面的行家。事实上，你还会成为良好餐桌礼仪的鉴赏家。请记住，周围的其他人怎么做并不重要，坚持在餐桌上保持良好的举止，可以激励其他人效仿你。

- 小贴士 -

饭前要洗手

当你坐下来吃饭前，要确保你已经洗净手。我们的双手一整天会沾染许多细菌，相信你一定不想把它们吃进嘴里！而饭前洗手可以保证你吃得干净卫生。

- 小任务 -

重温提示

本周每天晚饭前,回顾一下所有的提示。 将它们大声朗读给你的家人,这样他们也可以一起练习。用餐结束后,全家一起对照清单,看看每个人的表现如何。记下需要改进的地方,然后明天再来一遍。

提示1:等待每个人的食物都端上来了再开始吃饭。
提示2:永远不要张着嘴咀嚼或嘴里满是食物的时候说话。
提示3:如果需要餐桌另一边的东西,礼貌地请他人把东西递给你。一定不要趴在餐桌上去拿它。
提示4:晚餐时别乱动,否则你可能会从椅子上摔下来。
提示5:坐姿良好,手肘不放餐桌上。
提示6:在离开餐桌前请求允许。
提示7:在离开餐桌前,对厨师表达感谢。
提示8:把椅子还原,吃完的盘子放进水槽里。

在餐桌上使用餐巾

当你坐下来吃饭时,桌子上总会放着一张餐巾。(如果你特意布置过餐桌,餐巾看起来很可能非常别致!)但当你入座以后,如何去使用餐巾呢?你会把它放在盘子边上,这样需要的时候就可以拿起来擦嘴了?实际上,正确的答案是将餐巾放在膝盖上。这是你坐下来吃饭时应该做的第一件事。起初这样做可能看起来很奇怪,但是当你坚持这样做时,它就会变成一种习惯。

为什么我们要把餐巾放在腿上呢?事实上,即使我们挨着盘子吃东西,仍然会有些食物掉在腿上,在这种情况下,餐巾就会接住它。当你需要擦嘴时,只需将餐巾拿起来擦拭即可。之后请把它放回腿上。千万别用袖子擦嘴,因为你绝不想把衣服弄脏。这就是餐巾的用途——擦嘴和擦手,并接住不小心掉落的食物。如果你在用餐期间想起身去洗手间或去拿点餐桌上要用的东西,请将餐巾放在椅子上。当你回来时,再把餐巾放回腿上。试着把餐巾想象成晚餐时一直陪伴你的朋友。

使用刀叉和勺子

你知道世界不同地区的人使用刀叉的方式是不一样的吗？在美国，人们吃饭时右手拿着叉子。如果要切食物，就将叉子移到左手，用尖齿（锋利的尖端部分）固定住食物，然后用右手的刀切食物。切完后，再将叉子换到右手继续进食。

在欧洲，人们总是左手握着叉子，尖齿朝下，右手握着刀，在用餐期间两只手上的餐具都不放下。无论你如何使用刀叉，都有一些礼仪上的规则要记住。

- 说话时不要挥舞刀叉。把它们放低点，靠近你的盘子。
- 除非吃的是奶酪汉堡和薯条等直接用手抓的食物，否则请始终使用叉子或勺子。例如，尽管用手吃奶酪通心粉可能会更快，但还是要使用餐具。这样，你的手指就不会沾满酱汁了。
- 用餐完全结束后，将刀叉并排放在盘子上，摆成 11 的样子。

我必须吃那个吗?

有时候端上来的食物是你不喜欢吃的,有些食物甚至是你从没见过的。这种情况下你该怎么做? 当你想走开一会儿怎么办? 当你想离开的时候怎么办? 来测试一下,面对这几种麻烦的情况,你知道该如何处理吗?

1. 上了一道你不喜欢的菜。你应该:

a)皱眉噘嘴,表现出讨厌的神情。

b)发出作呕的声音。

c)不吃你不喜欢的食物,但不要大惊小怪,仍要对厨师表达感谢。

2. 上了一种你从来没见过的食物。你应该:

a)惊呼:"好恶心! 那到底是什么东西啊?"

b)夸张地将盘子从你身边推开。

c)尝试新食物。谁知道呢,说不定你会喜欢上它!

3. 拿到的食物很好吃,你还想再来一点。你应该:

a)站起来多盛一点。

b)大喊:"再多来一点!"

c）礼貌询问："请问可以给我再加一点吗？"

4. 吃完饭想离开餐桌。你应该：

a）起身离开。

b）等到别人吃完再离开。

c）礼貌询问："请问我可以离开吗？"

5. 你不小心在吃饭的时候打了个嗝。你应该：

a）无法控制地傻笑。

b）再打一次嗝，看看你能不能打完最后一个。

c）礼貌道歉："对不起。"

如果你对上述所有问题的回答均为 C，那么你的餐桌礼仪知识得分为 A$^+$。得分的关键是总要为别人着想，就像为自己考虑一样。当爸爸妈妈花时间为家人做饭时，即使是你不喜欢吃的食物，表达感激之情总是很重要的。当想要离开时，我们要尽可能有礼貌，即使对方是我们的家人。无论是在家里，还是在公共场合，与他人一起吃饭时，要做一个好榜样。

客人

有客人来吃饭是非常令人兴奋的。无论是爷爷奶奶还是家人的朋友,这时候要多多帮助他们。爸爸妈妈会感激你的。现在是让你的教养真正闪光的时刻!

当有客人来时,你可以问他们想吃什么,或者你能为他们提供什么。与他们聊有关生活的情况,听他们讲故事。享受和客人的聊天,不要提前离开,而要留下来陪伴客人。你的客人会注意到并会再次来拜访。

餐桌上的聊天

晚餐时间最特别的就是与家人交谈。聚餐的时光不仅仅是用来吃饭的,也在于团聚的欢乐。分享这一天的故事:开心的和不开心的。

晚餐聊天时,请记住一些礼仪规则。首先要使用文明用语。不要在餐桌上说脏话,一些词汇(如屁等)不应在餐桌上被提及,因为这可能会让人们没胃口再吃下去。如果你想讲一个笑话,那就说个文明点的。如果你确实需要上厕所,只需说"对不起,我离开一下"便可以了。

第二条规则是交谈和分享,同时也要学会认真倾听。给别人发言的机会,听听他们怎么说。一个人永远不应该霸占整个谈话。一定不要在别人谈话时打断他们,即使是让你激动不已的事情。餐桌上的谈话是关于分享和倾听的。如果没人说话,你可以问问大家今天过得怎么样。

- 人物聚光灯 -

比顿夫人

伊莎贝拉·玛丽·比顿（1836—1865）是一位英国作家，她写了著名的《比顿夫人的家庭管理手册》一书。这本畅销书在1861年出版后，比顿夫人被广泛誉为维多利亚时代家庭管理和烹饪的专家。她的书在今天仍在发行且受到推崇。比顿夫人在29岁时不幸去世，但她在家政领域的影响力仍然长盛不衰。

遇到无话可说的时候你会怎么做？试试下面这个谈话游戏吧，它会让你的晚餐充满活力！

– 小活动 –

对话开始的方式

在纸条上写下以下这些开启对话的方法。这些问题随便怎么用都行,你也可以发明自己的方式!将这些纸条折叠起来放在一个干净的带盖子的罐子里。晚餐时,从罐子里拿出几张,让每个人分享他们对问题的回答。

你理想的工作是什么?

当你到了爸爸妈妈的年纪,你那时候会在做什么?

如果你可以去世界任何地方旅行,你会去哪里?

你更愿意住在沙滩上还是山上?为什么?

如果让你回到过去,你选择什么时候去?为什么?

发生在你身上的最可怕的事情是什么?

分享你最尴尬的事。

怎样能让你有一种被爱的感觉?

如果你可以拥有一种超能力,你希望是什么能力?

你今天可以做得更好的一件事是什么?

你最喜欢家里的哪个地方?

说说坐在你左边的那个人的优点。

你最感兴趣的三件事是什么?

如果你今天可以和你的父母或孩子互换身份，你会做出哪些改变？

你一天中最开心的是什么？

猜猜你的父母是如何认识的，然后让父母告诉你真实情况。

你最喜欢的美食是什么？

你有没有什么想学的东西？

你相信奇迹吗？你希望看到什么奇迹发生？

如果可以拥有世界上任何一种动物作为宠物，你会选什么动物，你会给它起什么名字？

父母教给你最重要的东西是什么？

我们家最好的方面是什么？

你最喜欢的家庭传统是什么？

你会带哪两样东西去荒岛？

说出你对自己最满意的两个方面，以及你想改变的一个方面。

如果你是国王或王后，你会做什么？

打扫卫生

晚饭结束后,全家人一起打扫卫生是一件很温馨的事情。下面是一份快速清洁厨房的指南。一家人一起干活,其实挺好玩的。放点音乐,饭后的清理工作就会很快完成了。下面哪个工作是你最喜欢的?

洗碗
把餐桌上的所有盘子、碗都收集起来。把剩下的食物都刮到一个盘子里。脏餐具叠起来,放到装有洗洁净水的水槽里。将收集在盘子上的剩余食物倒入垃圾桶。再把那个盘子也放进水槽里。再将其他餐具和水杯也放到水槽里。把所有需要清洗的东西都收到一起。现在,将餐具放入洗碗机(如果有的话),或者用手洗,然后将它们晾干。

收拾桌子
一旦所有餐具和水杯都收走了以后,把桌子上的其他物品都清理干净。将餐巾、餐垫或桌布放到洗衣桶中等待清洗。如果餐垫没有弄脏,可以再次使用。将调味品和饮料瓶放回原处。现在桌上没有任何东西了,喷上清洁剂并擦拭干净。再把所有的椅子推进去,这部分就完成了。

收拾厨房

按步骤收拾厨房。首先,找到要放进冰箱的东西,然后把它们收进去。然后找出要放回食品储藏室的物品并采取相同的操作。再把空罐子、包装和用过的纸制品等东西扔进垃圾桶或回收利用。将所有需要清洗的东西放进水槽。台面整理干净后,喷洒清洁剂并擦拭干净。

清理地面

在厨房里的其他工作都完成后,就要开始清理地面啦。将椅子倒置,腿向上放在台面上。拿出扫帚,把所有的碎屑和脏东西扫成一堆。把这堆东西扫到一个簸箕里,然后倒进垃圾桶。有时候要拖拖地,但不必每次都拖。将椅子放回原位,这就是清理地面的过程。

- 小活动 -

家庭餐桌礼仪大挑战

相信你已经学到了很多餐桌礼仪。本周,让你的家人都参与进来。每个工作日专注于学习一项技能。

周一:良好的姿势
周二:正确使用餐巾
周三:正确使用餐具
周四:尝试一种新的食物
周五:提高你的谈话技巧

每天晚上宣布你们将共同关注的礼仪。不仅仅只有你一个人,爸爸妈妈也可以参与进来!每到新的一天,不要忘了前一天学习的内容。这就是说,到周五,当你练习谈话技巧时,同时也要坐姿端正,将餐巾放在膝盖上,正确使用餐具。很快,这些良好的餐桌礼仪就会自然而然地从你身上显现出来!

进餐时间是一天中最特别的时候。这是与家人联系感情、给身体补充营养以及放松身心的绝佳机会。当每个人都在用餐时表现出最佳的礼仪,体验会更加愉快(记住,你练习得越多,就会做得越自然。很快,这就会成为你的习惯)。

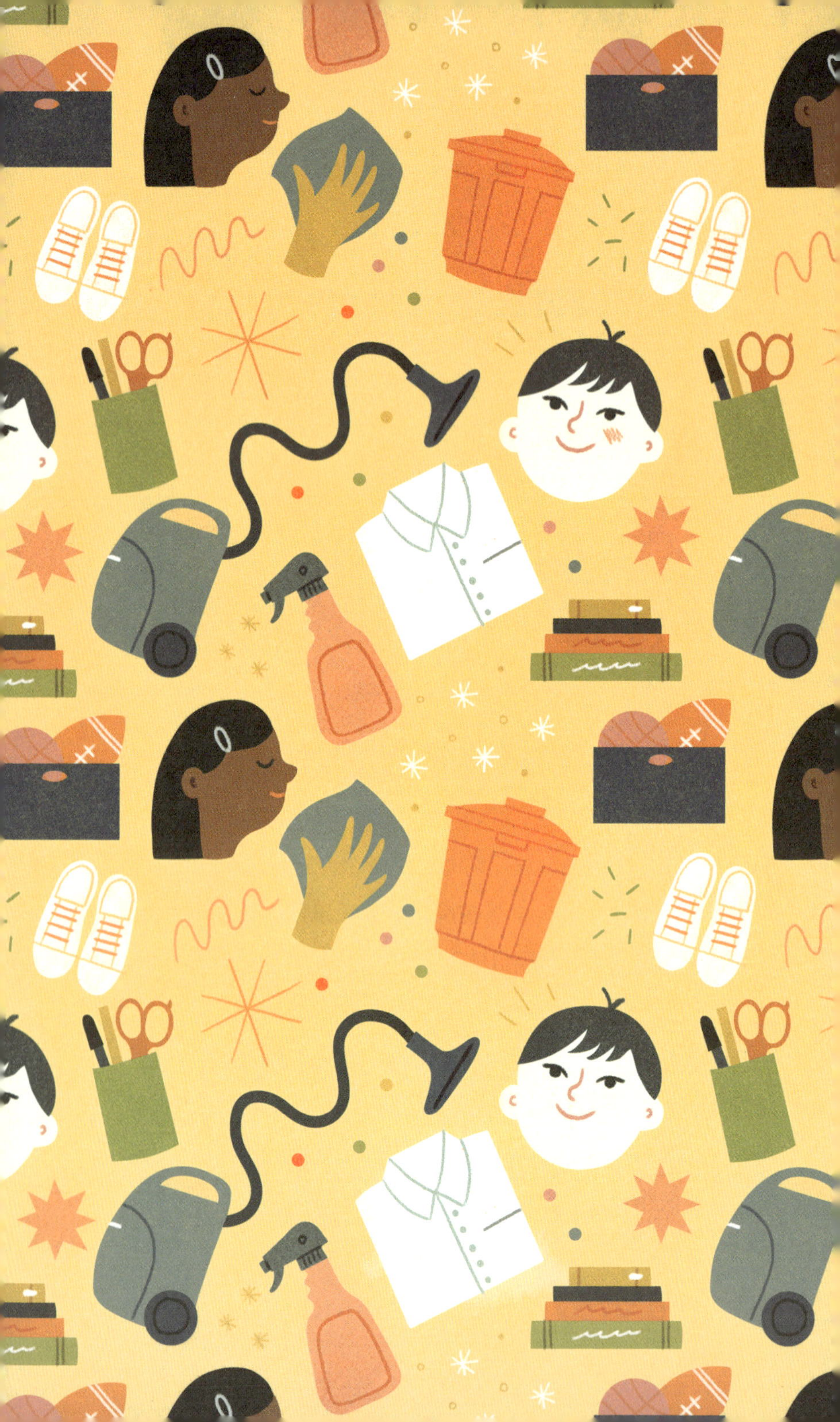

第三章

3

保持整洁

家长们，本章的目标是：
1. 学会如何保持整洁；
2. 每日练习；
3. 爱上整理。

大多数人都不是生来就注重保持整洁，所以如果你在这方面有困难，也不要担心。几乎每个人都是通过学习才知道如何做。保持整洁可能比你意识到的要重要得多。这样的好习惯会伴随你一生！保持整洁的第一步是用积极的态度来面对它。

让我们回想一下不那么遥远的过去。当父母让你打扫房间时，你是在心里发出抗拒的呻吟，还是会兴奋地跳起来完成任务？我猜你会叫苦不迭！你宁愿做（可以在这里插入任何事情），也不愿打扫自己的房间。

我要告诉你一个秘密：你不喜欢打扫房间，可能是因为你不知道怎么做！当然，你知道如何挂衣服、整理床铺和使用吸尘器，但是如果地上到处都是乱七八糟的东西呢？要弄清楚每个东西放哪里太令人头疼了。似乎永远都做不完！但一旦了解打扫房间的秘诀，你就会把它当成一项有趣的挑战。你甚至有可能一有机会整理房间就开心地跳起来！

兴高采烈地开始

有时我们被要求高兴点,却怎么也找不到那种感觉。让我们尝试一下可以让你发笑的练习。坐在沙发上舒舒服服地阅读这本书吧。

如果妈妈或其他家庭成员让你把自己的房间打扫一下,你就马上站起来,用一种最快乐、最昂扬的态度说:"好的,女士(或先生)!"然后跑到你的房间。你的父母会非常高兴。就这样练习两到三遍。可能会闹出不少笑话来,但当你一直以快乐的心情去做出回应时,它真的会成为一种习惯。准备好了吗?各就各位,开始!

整理房间

除了在打扫房间时保持愉快的心情之外,还有一个很好的建议是按类别进行整理。类别是具有共同特征的事物,换句话说,是性质相似的事物。当你一次只整理一个类别时,可以更有效地把房间打扫好。把物品分类并积极地把它们整理好是一个很有意思的挑战,可以刺激你的大脑。

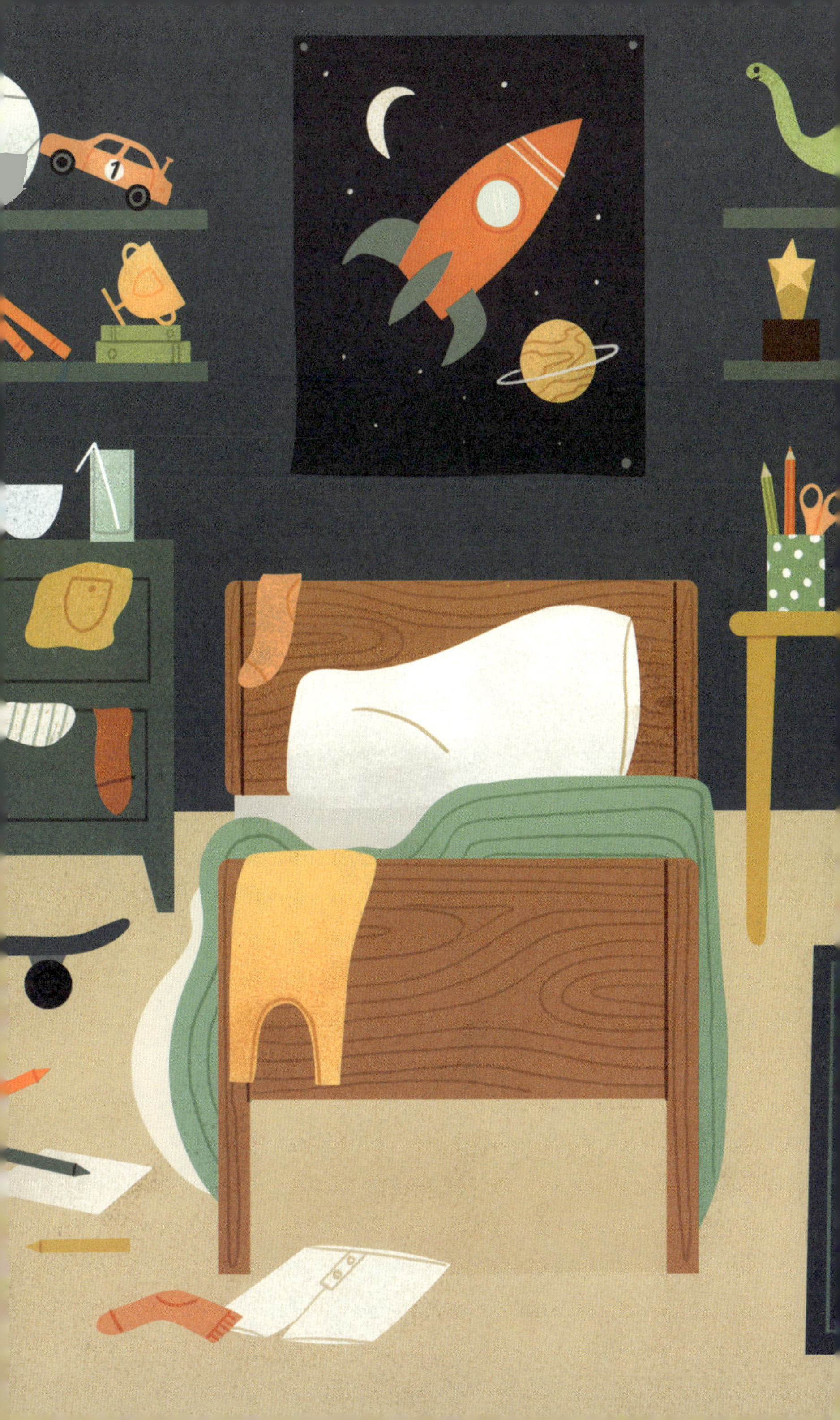

- 小活动 -

按类别练习整理

　　拿着这本书来到你的房间。也许你最近刚打扫过,房间已经很整洁了,当然,它也可能已经变得乱糟糟了!无论如何,你仍然可以做这个练习。环顾四周,看看有没有什么东西散落在它们不应该出现的地方。

　　下面的表应该可以帮助你对个人物品进行分类。在表的左侧,列出了"类别"。样本类别有:衣服、书籍、玩具、纸张和手工用品。表右侧列出了"所属位置"。在这里,你将写下这些东西应该在的地方。例如,对于衣服类别,你可以写"脏衣服放进篮子"。你把衣服放在哪里取决于它们是干净的还是脏的。在"所属位置"中列出多个位置也是可以的。表底部有几个空白区域,可以随意填上其他类别。你现在要做的是环顾房间,分好类别,并列出它们应在的位置。

类别	所属位置
衣服	
书籍	
玩具	
纸张	
手工用品	

保持房间整洁并不是一件困难的事。
按类别整理才是正确的做法。
以快乐的心情去做也大有助益哟!

天天收拾？

既然你已知道保持房间整洁的秘诀（以快乐的心情进行分类整理），那么你的目标就是每天保持房间的整洁。这似乎是一项不可能完成的壮举！但如果你每天做一点儿小小的工作，你的房间就可以一直是整洁的。你仍然可以开心地在自己的房间里做手工或者建造堡垒，但你也可以轻松地将它们整理好，这样你的房间就干干净净的，又可以准备好开始下一次冒险啦。

保持整洁的最佳做法是每次活动完以后立刻进行清理。换句话说，旧的东西收好了再玩新的东西。当你兴致勃勃地想要继续下一个游戏时，这似乎不太容易，但定时整理会让你的生活变得更轻松。你的房间永远不会进入红色警报状态！

每天晚上睡觉前，看一看你的卧室。如果房间比较乱，就花几分钟时间整理一下吧。

各有所属

打扫房间时，你是否遇到过绞尽脑汁也不知道该怎么处理的物品？你有没有听过"各有所属，各归其位"这句话？你房间里的每一件东西，从最大的东西到最小的东西，都应该有一个"家"或一个位置。如果有个什么东西你想了半天也不知道把它放在哪里，那么是时候为它创建一个家了。如果你有很多东西没有"家"，你整理房间时可能会很想把它们都塞到床底下。虽然这么做肯定会容易很多，但如何给你的物品找个固定位置放置的问题还是没能解决。当每种物品都有自己的"家"（例如，桌上的所有纸片、铁皮盒中的所有记号笔以及书架上的所有书籍）时，按类别整理就会容易很多。

> 整理房间时，
> 每件物品都值得拥有一个家。
> 别让你的泰迪熊四处流浪，
> 不要让那些乐高积木四处晃荡。
> 找一个让它们可以住下来的地方。
> 不要把它们简单地塞到床下。
> 这样下次你收拾房间的时候，
> 就会方便很多！

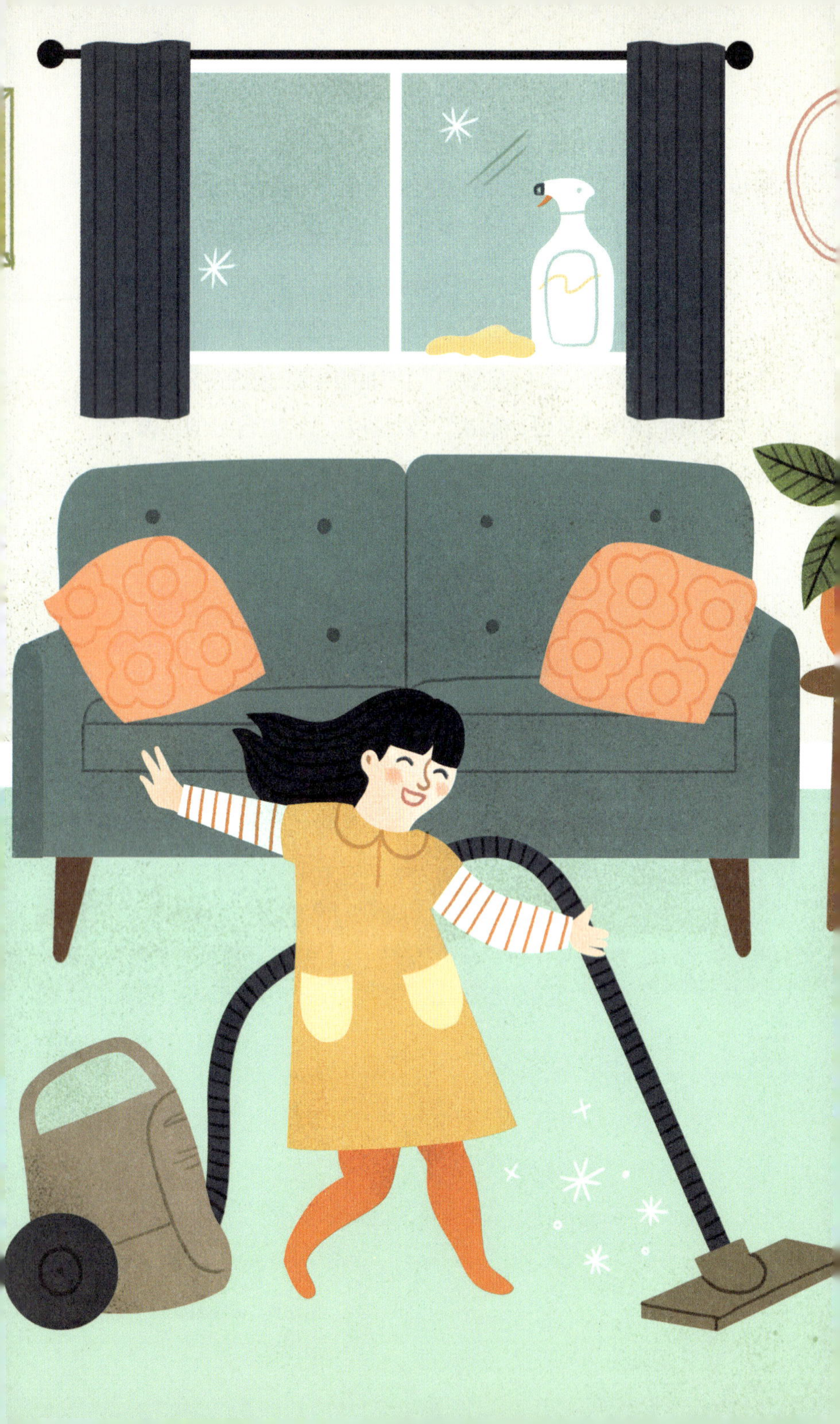

– 小活动 –

"各有所属"大挑战

既然你已经熟练地掌握了如何给所有物品提供一个合适的家,那么试试这个有趣的挑战来测试一下你的新技能吧。让一位家庭成员从你的房间里随机挑选五样物品。例如,一套睡衣、一本书、一个玩具、一支记号笔和一个图画本。然后你将进行一项只有你一个人参加的接力赛!让你的家人在卧室门口拿着这些东西。计时器响起,从家人那里拿走一件物品,然后把它放到合适的地方。当你完成后,你可以跑回去拿下一件物品。看看你可以多快收好这些物品。努力争取最好的成绩!然后,你可以和家人交换身份,再玩一遍这个游戏。

- 小贴士 -

物归原位

这里有一个小贴士，可以帮助你尽量减少家里的混乱。一定要记得物归原位。下面是一些事例。打开抽屉，要记得关上。打开柜子，请将其合上。拉出椅子，最后要将它再推回去。开门进入后，要记得把门再关上。如果拿出一个玩具，还要记得放回去。从冰箱中取东西，要把剩下的再放进去。用完了剪刀，要把它放回去。一定要记得及时物归原位，没做完就不要干别的。

让整理变得有趣：设置计时器

整理空间的另一个秘诀是设置计时器。如果家里有的话，你可以使用沙漏计时器或数字厨房定时器。如果没有，你完全可以随时播放两首你最喜欢的歌曲。首先将计时器设置为 5 分钟。当你按下"开始"键（或"播放"键，如果用音乐计时的话）时，请疯狂地开始工作。你不仅会惊讶于时间过得有多快，还会惊讶在短时间内你又做完多少工作！再挑战一下，看看你能不能在计时器响起之前就做完。剩下的时间可以用来庆祝和跳舞，或者你可以继续做更多的事情（比如整理你的摇滚乐收藏）。

自制收纳盒

没有地方放铅笔？那些散落一地的小玩具怎么办呢？通过回收利用日常家居物品，你可以给这些小东西做些漂亮的收纳盒。这里有一些办法。

把包装纸涂上胶水，贴在空咖啡罐的表面。这样，你就拥有了一个存放钢笔、铅笔和记号笔的好地方啦。

把包装纸盖在鞋盒表面，然后把它们粘好。如果需要，鞋盒盖也可以再装饰一下。它可以收纳邮票、乐高积木、纸牌游戏等东西。

用一个空茶罐来存放超级小的物品，比如珠子。

- 人物聚光灯 -

保罗·塞尚

法国后印象派画家保罗·塞尚（1839—1906）是著名的静物画画家之一。塞尚在肖像画和风景画方面也颇有造诣，他的静物画更是艺术史上最著名的作品之一。他的画作《有窗帘的静物》（1899年）描绘了一个随意的场景，华丽的窗帘前放着几盘水果，旁边是一个水壶和一些揉皱的餐巾。去图书馆查看一本关于静物画的书，来扩展你对这一美妙艺术风格的了解吧。

- 小活动 -

捐赠你不需要的东西

这个活动可以让你当"老大"！收集与你家人数量一样多的大垃圾袋。例如，你家有 5 口人，就找 5 个袋子。让大家聚集在客厅里，1 个人发 1 个袋子。指导大家在袋子里装满他们想要捐赠的物品，然后把袋子拿到当地的慈善商店，捐给那些需要的人们。

如果你的兄弟姐妹中有人不想放弃自己的东西，你可以提醒他们这样做会给别人带来快乐。放入袋子里的物品可以包括不再合身的衣服和鞋子、不再玩的玩具以及不再适合你这个年龄看的书籍。拿出你最信赖的计时器，给每个人定个时，通常 15 到 20 分钟就可以了。一旦大家都弄清楚规则了，你就可以鼓励他们去做了。记住，这个挑战任务里你才是"老大"！

- 小活动 -

房间整理前后的静物画

这个有趣的艺术活动将记录房间整理前后的样子。你知道什么是静物画吗?静物画通常指的是一幅表现无生命的物体或静止的物品的画。作品的主题通常是并不新奇的日常物品,想想厨房台面上的东西或餐厅里的花瓶。画静物画会很有意思,因为当你尝试尽可能逼真地描绘物体时,你的绘画技巧也会得到精进。

你的静物画是你的房间,但有点小变化。你要捕捉房间凌乱的样子和整洁的样子。找到一个房间乱糟糟需要清理的时候。在整理房间之前,拿出你的绘画工具,坐在一个可以看到整个房间的地方。想用什么就用什么,铅笔和纸、粉彩、马克笔、蜡笔,甚至是水彩。我建议画在一张大的素描纸上。

画一条线将纸分成两半。在左边,画上房间凌乱时的样子。尽可能画上所有东西:没有收起来的衣服、散落在地板上的玩具、没有整理好的床。然后将定时器设置为 15 分钟并整理你的房间。尽全力去收拾到最完美。让你的房间看起来很漂亮。完成后,在同一个位置坐下,在纸的右边,从同一个角度画出你整理后的房间。

享受这个活动的乐趣,将你的杰作挂在墙上,激励自己将房间保持在图画右边的样子,而不是左边那样。

如何与他人共用房间

既然你已是整理房间的好手了,你一定希望它能一直保持整洁。但如果你与兄弟姐妹共用卧室,应该怎么做呢? 如果和兄弟姐妹住在一起,实际上你更占优势,因为有两个人整理,总比一个人好。在收拾房间上面你多了一个帮手!

当然多一个人也会更容易把房间弄乱。和你的兄弟姐妹一起让房间保持整洁吧。首先确保他们知道按类别整理的奥秘,并在整理的同时给自己计时,来增加点干活的乐趣。这种保持房间整洁的习惯会让你的一天充满乐趣。

清洁浴室

无论你有一间单独的浴室,还是与家人共用一间浴室,知道如何保持整洁都是一件好事。保持浴室整洁之所以特别重要,是因为浴室可能充满了细菌。哎呀!为了预防疾病,我们一定要保持浴室的干净卫生。以下是一些让浴室保持整洁的小贴士。

当你准备洗澡时,一定要把脏衣服放在脏衣篮,不要直接放在地板上。

洗完澡后,将毛巾放回毛巾架上。永远不要把它放在地板上。

刷牙时,始终将牙刷和牙膏放在支架上,而不是放在台面上。这有助于保持牙刷清洁,避免细菌滋生。

将你的梳子和发带放在同一个地方。千万别将它们乱扔在台面上。

将一个喷雾瓶里装满多用途清洁剂（请参阅下面的配方来制作你自己的版本！），和抹布一起放在水槽下方。发现台面变脏时把它擦拭干净。

如果不小心将水溅到镜子上，可以用清洁剂和抹布擦拭。

薰衣草清洁剂

这款薰衣草清洁剂效果很好，闻起来很香！

1/2 杯（120 毫升）蒸馏白醋
1/2 杯（120 毫升）水
20 到 40 滴薰衣草精油（可选）

拿一个空的喷雾瓶（你可以在商店里买一个，也可以用旧的喷雾瓶；使用前一定要清洗干净）。倒入白醋和水。如果不喜欢醋味，可以添加薰衣草油、柠檬油或茶树油等精油。你需要 20 到 40 滴。摇一摇，你就得到了一瓶清洁剂。别忘了给喷雾瓶贴上标签。用了这个喷雾，相信你会爱上清洁浴室镜子和台面的！

马桶、地板和浴缸

这个部分的标题肯定会让你直摇头。马桶？地板？浴缸？这些不应该只有爸爸妈妈才能清洗吗？不一定！如果你想多做点事情，把浴室都清理了，请按以下步骤操作。

如何清洁马桶：你必须首先克服过分紧张的心情。不要觉得这是个令人恶心的事情。找家长要一副清洁手套，然后，用抗菌喷雾或自己制作的清洁剂喷洒马桶。从马桶顶部向底部喷洒，包括座圈和盖子下方。然后按照相同的顺序用纸巾擦拭马桶，从马桶顶部开始（不要忘记把手），一路向下。确保座圈和盖子下面最后再擦。扔掉纸巾。现在拿一瓶马桶清洁剂，向马桶里喷洒（这部分其实很有趣），然后用马桶刷擦洗马桶，随后冲洗干净。站远点欣赏你的劳作成果吧！

如何清洁地板：把所有东西都抬离地板，包括浴垫。如果有需要，将脏衣篮也移出浴室。现在清扫或用吸尘器吸干净所有的灰尘颗粒，然后用你制作的清洁剂喷洒地板。用拖把拖一下喷过清洁剂的区域，你会惊讶于地板变得多么闪亮！

如何清洁浴缸：取约一杯量的小苏打倒在浴缸里。小苏打非常适合做清洁剂,因为它是天然的,不含任何刺激性化学物质。将清洁剂喷洒在小苏打上,这会使小苏打起泡。用湿海绵或抹布以画圈的方式擦拭浴缸,看着污垢全部消失。完成后,用水将其全部冲入下水道。瞧!多么干净闪亮的浴缸!

保持整个房子整洁

既然你已是保持房间和浴室整洁的行家,我们将说说房子的其余部分。如果家里的每个人都能保持自己的卧室和其他房间干净,想想房子每天会有多整洁。那就给爸爸妈妈帮了个大忙。与家人坐下来一起实施这个特别的房间整理计划吧。

如果你想负责某个房间,可以要求把它交给你。但是,如果你不知道怎么选择,或者如果两个人想要同一个房间,可以这么办。把家中所有的房间名都写在小纸条上(卧室除外,每个人负责自己的房间),并把它们放在一个碗里。每个人可以从碗中抽一张,这就是这个月他们分配到的房间。你的工作是每天结束的时候确保房间是整洁的。

你可以真正参与到这个活动中,并为你做的事情感到自豪。现在你已经知道按类别整理会让事情更容易,因此这项日常挑战对你来说将是小菜一碟。例如,如果你选的是客厅,就可以按照沙发、茶几以及地板来分类。你可以将沙发枕头摆放妥当。把不该放在茶几上的东西(例如空杯子或旧报纸)统统清走。把地板上的玩具都捡起来,如有必要,可以把地毯上的灰尘也吸干净。按类别来清理你选到的房间不仅是一种有益的挑战,而且很有趣!不仅如此,想想这么做会给家人多大的帮助。当这个月结束时,你要选择自己卧室以外的房间并努力让它保持整洁。

需要特别注意的地方

你的书包:

除我们的卧室、浴室和"特别房间"外,我们还应该保持个人物品的整洁。例如,书包很容易变得凌乱。旧纸张、碎屑、水瓶、零食和垃圾碎片可能会在书包里不断地累积。一定要记得每天都把书包里的食物拿出来。如果你把食物长时间放在里边,它们会发霉变臭。一定要喝完杯子里的水,这样每天结束的时候瓶子就可以清空了。你可以在家里把杯子洗干净,再重新装一杯新的水,为第二天做准备。

每周做一次书包的深层清理。取出所有东西并丢弃所有垃圾。在清空所有物品（包括零钱）后，将书包倒过来放在垃圾袋上方，这样你就可以清干净包里所有的碎屑。用湿布擦拭内部，晾干，然后再将物品放回原处。如果需要，削好铅笔。定期清理书包，这样你就不用每天都背着许多不必要的东西在学校里走来走去了。

你的书桌：

除了书包，书桌也会很快乱成一团。无论是在学校的课桌，还是家里的书桌，要定期对它们进行整理和消毒。书桌上可能放着各种各样的东西：不再需要的旧文件、未完成的艺术作业、用坏的蜡笔和其他零碎物件。每个星期，扔掉所有不再需要的东西。清理碎屑和小纸片。每周一次，使用消毒湿巾或自制的清洁剂擦拭书桌以清除细菌。

汽车后座：

汽车是另一个可能很快变得凌乱的地方。你可以通过清理座椅区域来保持汽车清洁。如果零食或饮料洒在车上了，要记得擦干净。无论你带进车里的东西是什么，比如玩具或文件，都应该记得拿出来。切记不要在开车的时候捡东西。如果你在座位上喝过饮料，例如冰沙，下车的时候记得带出来扔掉。你肯定不希望下次坐车的时候发现车上有杯发了霉的饮料吧。

千万别把鞋子放在前面的座椅上,这可能会弄脏它,相信你并不想坐车的时候面对着一个弄脏的椅子。保持车内个人空间的整洁,这会让你的家人更舒适地旅行。

旅行时的整洁

旅行的时候,保持整洁的技巧也伴你一同前行。首先是利落高效地收拾好行李箱。确保洗漱包中所有瓶子的瓶盖都盖好了,拉上洗漱包的拉链再放进行李箱。到达目的地时,在房间里把行李箱里的东西都收拾出来。将折叠整齐的衣服放在抽屉或衣柜中。如果不整理行李(比如只住一晚),那就还让衣服整齐地叠放在行李箱中。

旅行时,一定记得带上"脏衣袋"。你甚至可以就用一只空枕套来当脏衣袋。把所有脏衣服都放在脏衣袋里,这样你就不会弄脏折叠整齐的干净衣服了。当你住在别人家里时,一定要让你的行李箱和衣物保持整洁。千万别将衣服散落在地板上或公共区域。每次旅行时都要记得保持整洁!

- 小任务 -

养成整洁的习惯

从今天开始，练习保持整洁的新习惯。兴致勃勃地去维持房间和浴室的清洁。以快乐的心情帮家人做家务，并为能担负起让家变美的主要任务而开心不已。保持个人空间和个人物品的整洁，例如书包和书桌。保护整洁的习惯是从小养成的。如果你现在开始培养这些好习惯，它们将伴随你一生。干得好极了，整洁的优雅儿童！

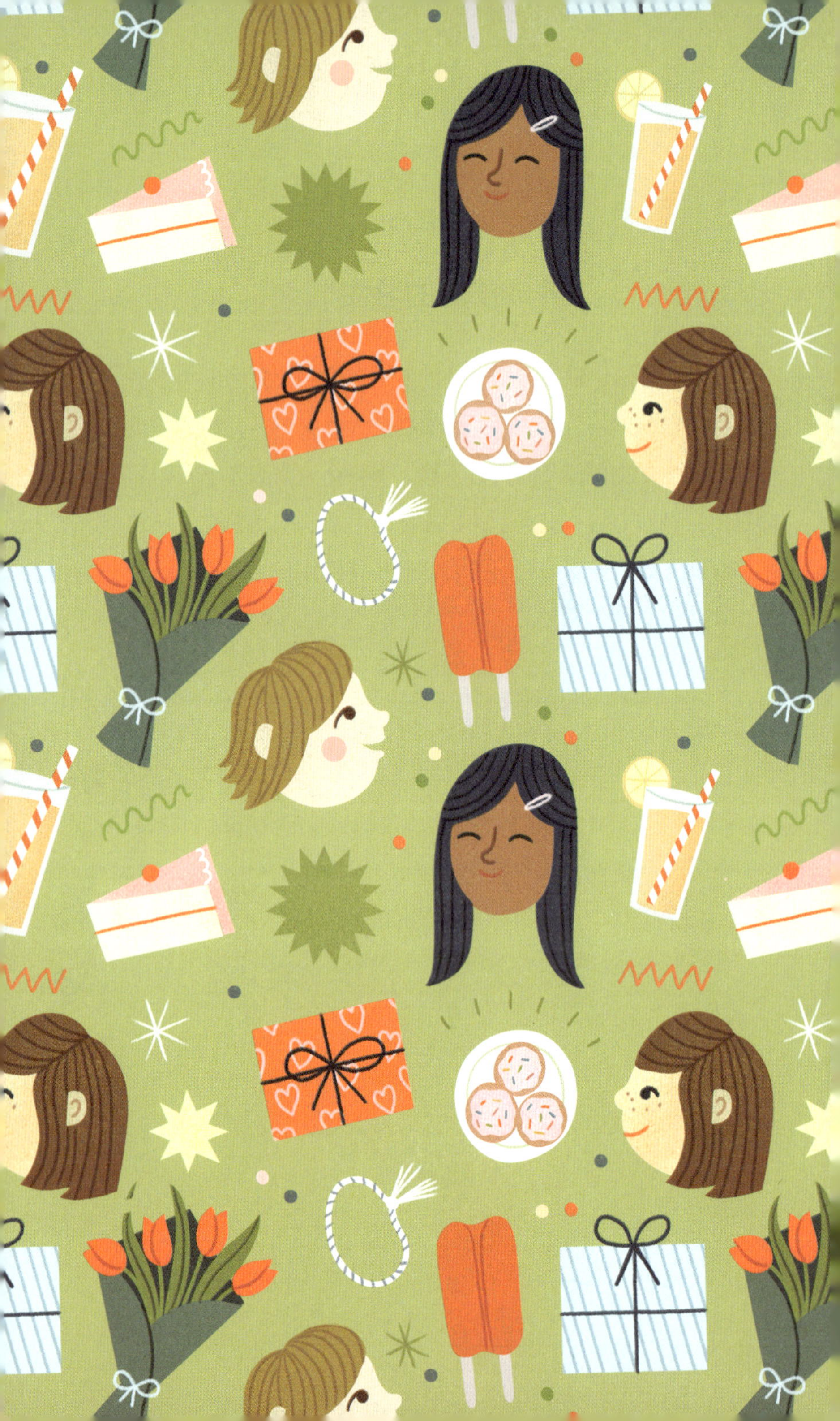

第四章

4 关怀他人

家长们，本章的目标是：

1. 学会无私；
2. 每天关心他人；
3. 乐于帮助和服务他人。

为了成为一个全面发展的优雅儿童，我们要保持礼貌、整洁、卫生和仪容仪表，同时我们绝不能忘记生活中最重要的部分——我们与他人的关系，还包括我们如何对待他们。善待他人是良好礼仪的重要组成部分。我们每天都会与其他人互动，家人、同学、老师、朋友、邻居、教练、队友……我们希望自己能成为善待他人的人。我们甚至可以激励其他人以同样友好的方式行事。这难道不是个绝妙的想法吗？

优先考虑自己是人的天性。我们都有这种冲动！如果给你一盘饼干，你很可能想挑最大的那块。当你把别人放在自己之前，你把最大的那块给了别人，自己拿小的也很开心。这是对自身的挑战，因为它违背了你真正想要的！但挑战中也有乐趣。每天都会出现很多需要你把他人放在自己之前的情况。高兴地应对每一个挑战，看看你能为其他人做些什么。当然，关键是要怀着一颗快乐的心去做这件事。

优先考虑他人

把别人放在自己之前通常意味着你要做你不想做的事情,但因为这可以帮到别人,所以你就去做了。例如,晚饭后,尽管你想去玩电子游戏,你却帮父母打扫厨房地板。你把他们的需要放在自己的需要之前。以下是将他人置于自己之前的例子。下一页有两块空白的地方,可以随意加上你自己生活中的想法。

优先考虑他人

把最大的饼干送给别人
帮助你的兄弟姐妹打扫房间,这样他们可以早点出去玩耍
在学校向新同学打招呼,问他们是否愿意和你一起吃午饭
帮助爸爸妈妈做家务,即使这在给你分配的家务之外

带一杯橙汁和一本书给生病的家人

当朋友跌倒时把他扶起来

把你想坐的位置让给他人

别人从车上卸下杂货时搭把手

重要的是考虑如何为他人服务。提到服务,大多数人想到的是餐厅服务员。帮你下单、倒饮料、上菜就是他们的工作。他们会常常询问你吃得怎么样,并在用餐结束时帮你把吃不完的东西打包。基本上,他们所做的就是照顾好你。这就是我们在生活中要做的。我们要快乐地服务他人。如果你的服务员给你上餐时砰的一声放下盘子,并全程抱怨不休,你能想象会怎样吗?那会让人兴致全无。这就是为什么当我们在为他人服务时,我们要怀着快乐的心情去做。服务他人,让他们的生活更美好,我们应该为此感到快乐。这会让你绽放幸福的光芒。

你能回想起曾经服务他人的经历吗?你的感受如何?在这里写下来吧。

体育精神

无论你是在专门的球队打球,还是偶尔和附近的孩子一起玩游戏,良好的体育精神是每个参与运动的人应有的品质。如果你经常参加体育运动,就有机会培养你的体育精神。什么是体育精神?我们该怎么定义它?

良好的体育精神指的是在玩游戏时公平且慷慨地对待他人。下面的这张表显示了体育精神的有与无。想想你还能加点什么进去。

良好的体育精神	不具备体育精神
接受对方进球的事实,认可他们公平公正地赢得了比赛……	向裁判大喊对方进球不公平
当你的球队得分时迅速庆祝,然后继续比赛	在场边长时间地跳舞来嘲弄对方队员并吹嘘自己的胜利
关心对方伤员的受伤情况	明知对方队员受伤了但不施以援手
比赛结束时与获胜队握手并祝贺他们	输了比赛后乱发脾气,踢着地面跑开

良好的体育精神不仅适用于体育运动，也同样适用于你和他人一起玩游戏的时候。能够在游戏中取胜当然很好，但这不是游戏的全部内容。玩游戏的目的是享受与他人的团队友谊。什么是团队友谊？这是人们友好地聚在一起的快乐。例如与家人和朋友一起出去玩，或者还包括结交新朋友。游戏的重点是团结在一起并享受彼此的陪伴。假如你对比赛的结果感到生气，那么深呼吸，并且想想你为什么参加这个游戏，不是为了赢，而是为了享受这一过程。赢得比赛，只不过是锦上添花罢了！

> 玩游戏的时候，
> 胜利不是唯一目的。
> 你要笑着开始，
> 也要笑着离开。
> 快乐与否，
> 不由输赢决定。
> 顺其自然，
> 享受在一起的默契和乐趣。

体贴他人

服务他人不一定是要做好事来帮助他人,也可以多些体贴的关怀。做一个体贴的人意味着你经常为他人考虑,常常想着为他们做点什么。为母亲或姐姐摘一束鲜花,给正在经历困难的人制作一张卡片,给年长的亲人写一封信,这些都是十分体贴的行为,虽非必要,却能给人带来感动。这些小小的善意举动证明了你对他们的心意。

– 小活动 –

写一封贴心的信

今天,你要给年长的亲人写一封信。 比如你的曾祖母或某个独居的年迈的叔叔。拿出铅笔和信纸,给你的亲戚写一封亲切的信。告诉他们你最近在做什么,你最喜欢的活动是什么,你最好的朋友是谁。告诉他们你最喜欢的颜色和学校里最爱的科目。也问问他们生活中的事情。如果可以,尽快去拜访他们一次,并让他们提前知道你要去。如果你喜欢画画,也可以放几张你的作品进去。如果有和家人近期的合影,也可以一并寄出去。封好信件、填好地址并贴上邮票,然后把它放进邮箱。你的来信带给他们的快乐会超乎你的想象!

不要让这封信成为昙花一现的事情。在你的备忘录上安排一下，每个月都给亲人写一封信。他们将会期待你定期的来信。你的信件会被他们珍惜，你的体贴会让他们一天都变得明媚。

如何写地址

当你需在信封上加上地址时，它应该出现在信封的左上角。收件人的信息放在信封的中央。将邮寄信息写详细，包括街道名称、城市、省份等的名称。邮票贴在信封的右上角。[1]一定要附上足够的邮费。如果你使用的是不规则形状的信封，或者信封里装了很多东西，你可能需要好几张邮票才行。如果你寄送的是国际信件，则需要比国内信件支付更多的邮费。下面是正确填写信封的示例。

寄件人姓名
寄件人地址

邮　票

收件人姓名
收件人地址

---

[1] 此处为英文信封格式。

他人优先

优先考虑自己的事情是十分简单的,你想要什么,你需要什么。为他人着想以及思考怎样帮助他人并不是自然而然的事。实际上,这是需要练习的。为什么非得练习这个?人若总是只考虑自己,很容易变得以自我为中心。这可能听起来有点奇怪,但从长远来看,替他人着想会让你感到更快乐。服务和帮助他人会让你获得一种美妙的感觉,也让这个世界变得更美好。

自私或者无私

自私这个词,我们并不陌生。也许有人曾经指责过你太自私,或者你也曾认为某个人的行为是自私的。我们时不时都会因为自己的自私而感到内疚不已。你知道和自私关系最密切的词语是什么吗?

那就是自我。如果你觉得某个人非常自私,很可能是因为他们只考虑自己,而毫不关心别人的感受。有的人拒绝与他人分享玩具,或者在玩游戏的时候不给别人玩的机会。有人独占了一些东西,不让别人使用它。有人拿走了最后一块蛋糕,没想到要分享给别人。他人的自私会让我们愤怒,这就是我们不能太自私的原因。

自私的"解药"(或解决方案)是关怀他人。正如我们所了解的,体贴他人、为他人服务并不是自然而然就发生的,做出这样的选择往往是十分困难的。自私一点,首先满足自己的需求是非常容易的事情。但作为优雅的儿童,我们经常练习如何去体贴与服务他人,这样它们就会成为我们的一种自然而然的行为方式了。

如果你意识到你曾经自私过——比如不让你的兄弟姐妹玩玩具——改变你的行为并学会分享永远不会太晚。你可以很容易地改变主意。你可以立即停止这种自私行为,选择与人分享,从而熄灭纷争。只需看看这么做的好处!一开始你会觉得不情愿,因为你的确想独自玩那个玩具。但当你看到你给别人带来的快乐并体验到与兄弟姐妹分享玩具和一起玩耍的快乐时,就会知道,就像玩游戏一样,真正的乐趣在于过程,而不是结果。

如果我做了自私的事，
是因为先考虑了自己！
我想要的，我需要的，
都是最重要的，你难道看不出吗？
但我知道自私会让别人难过，
我的做法也有点太过。
我停下来想想，
发现自私是一件坏事。

- 小贴士 -

要无私，别自私

我们要无私，而不是自私。 无私就是对他人充满善意，懂得考虑别人。自私就是只为自己着想，永远把自己放在第一位。无私的品格很少见，像珍贵的宝石一样闪耀。努力做到无私，你会因你的善良而脱颖而出，并影响其他人也这样做。

- 小活动 -

关于分享

写下本周你做的分享内容以及它带给你的感受,也可以试着把当时发生的事情画下来。

听听别人的观点

每当你和他人发生分歧时,请尝试站在他们的角度来看问题。你听过"换位思考"这句话吗?什么意思呢?这并不意味着你真的要去坐别人的座位,而是学会从那个人的角度看生活。如果你遇到一个总是气冲冲的人,他的脾气可能会让你恼火。你可能会想:"他是不是有什么毛病?"如果你从他的角度看待生活,也许就会明白他为什么这么暴躁。可能是因为他身体残疾,十分痛苦,也许他是因为考试考砸了或受到了欺负而不痛快。当我们在生气和评判他人之前,我们应该尝试从他们的角度去看待生活,试着去理解并报以同情。

志愿服务

练习他人优先、服务他人的一个特别不错的方式是做志愿者。志愿者意味着无偿把时间用来帮助他人。你可以在很多方面提供志愿服务。你可以去海边捡垃圾,可以去穷人施粥所帮忙给无家可归的人发放食物。你可以在动物收容所照顾动物,也可以为长期住院的儿童提供陪伴,还可以给老年之家的老人朗读。你可以做的事情太多了! 和家人一起做志愿服务,让它成为一种习惯,这是一种很有意义的体验。你会看到花费自己的时间来帮助他人的感觉有多好。

说话友善

说话非常重要。你有没有说过让你后悔的话？很可能一说完你就觉得糟糕透顶了。也许是对兄弟姐妹说了一些刻薄的话，也许是对妈妈大喊大叫。话说出去就再也收不回来了。当然，你可以为那些伤人的话而道歉，但这些话还是会让对方记住很长时间。这就是为什么优雅儿童从不取笑其他人的原因。他们从不骂人，也不侮辱他人。他们对人富有同情心。如果你看到有人被欺负，你可以安慰那个人并告诉他，你认为他们其实很不错。用友善的话来抵消刻薄的话。这是优雅儿童要做的事情。

这些刻薄话，有时候是当面说的，有时候是在背后说的。既然你的目标是只说善意的话，那么假如和你在一起的人在背后说别人的坏话怎么办？这种行为叫作"搬弄是非"。搬弄是非指的就是在别人不在场且没法为自己辩护时对他们进行负面的评价。搬弄是非是很伤人的。我们刚刚了解了如何从他人的角度看待问题，这时候也应该这样做。试想一下，如果他们在搬弄关于你的是非，你会有什么感觉？这会很伤人，相信你不会喜欢的。如果有人在搬弄是非，你可以说一声抱歉然后退出谈话。这么做的时候一定要自信，因为你知道自己做的是正确的事情。

原谅

原谅是一种强有力的武器，不管你信不信，原谅也是一种他人优先的做法。如果有人对你说刻薄话、逼迫你或不愿和你分享，你可以选择原谅他们。原谅并不容易，尤其是当对方甚至连"对不起"都不说的时候！但我们必须学会原谅。当我们原谅别人时，我们就会放下愤怒，继续生活。如果我们拒绝宽恕，我们就会一直愤怒，而这有害健康。反正最后你总得放手，那么不妨马上去做。如果有人冤枉你时，原谅他们然后去干自己的事。优雅儿童乐于宽恕他人。

懂得原谅，
这是正确的做法。
这么做并不简单，
尤其是你怒火未消时！
但原谅可以缓和问题，
而且会让你冷静下来。
下次有人误解你时，
原谅他们以舒展你紧皱的眉头。

照顾宠物

你家有宠物吗？猫、狗、鱼、鸟或全都有？通过照顾宠物，你可以学习如何负起责任以及照顾他人。也许喂狗已经是你的事情了，但还是可以更进一步，每天带狗出去运动一下，比如一起散步或者扔球给它，确保狗盆里的水一直都是干净的，或者给狗狗洗个澡。通过照顾宠物，你会学到许多宝贵的人生经验。

无论你养什么宠物，对它的照料总是必不可少的。食物、水、运动和干净的铺位对许多动物来说是必需的。但对于鸟类和鱼类来说，更重要的是保持笼子和鱼缸的洁净。在日历上记下要给宠物做的事情，并安排好时间。例如隔周的周五，你要清洁鱼缸。照顾宠物可以让你获得照顾他人的良好技能，并受益终身。毕竟，我们不仅可以为人服务，也可以为动物服务！

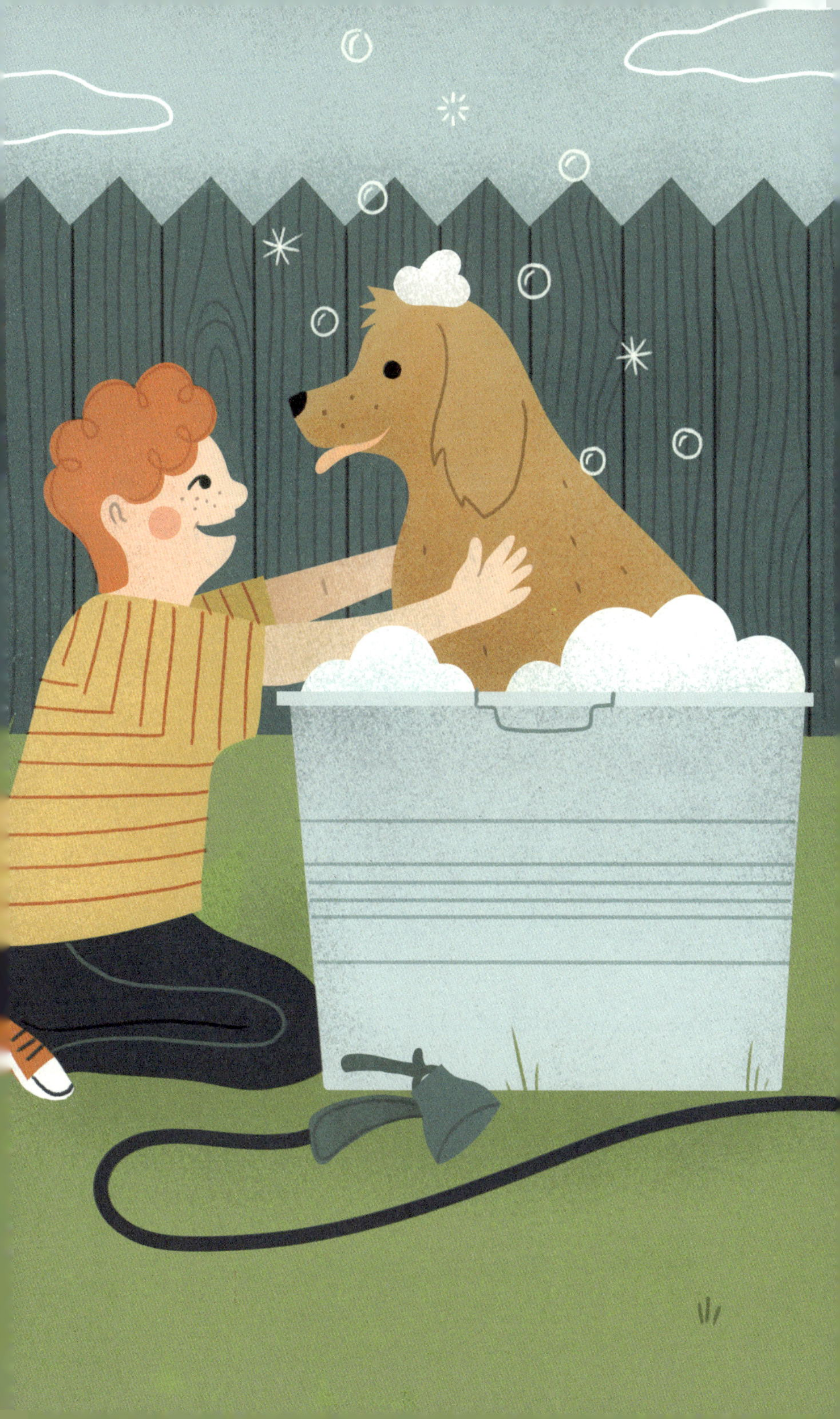

赠送和接受礼物

送礼物是我们能做的贴心的举动之一。当然,如何接受他人的礼物也值得考虑。当你送礼物给别人时,你是在向他们表达感激之情。送礼物一定不要期待回报。给予应该是一种快乐的行为。如果你会包装礼物,那就让它看起来特别一点吧。但也不需要用特别花哨或昂贵的包装纸。你甚至可以使用家里已有的东西。

如何包装礼物

在我们让礼物变得漂漂亮亮之前，先学习一下如何正确包装礼物吧。

1. 把礼物倒放在包装纸上，测量一下所需包装纸的大小。量好以后，就可以裁纸了。

2. 用胶带将纸张的一侧固定在礼物的背面。

3. 将纸另一边的边缘折叠约 1 厘米，这样，当它与另一边的边缘相接时，折叠边会看起来又直又整齐。然后，用胶带固定。

4. 现在将礼物两头的包装纸沿礼物向内折起来，将每一面压成三角形。将折叠的三角形用胶带固定。

5. 最后加上丝带、蝴蝶结、贴纸或其他装饰品。

- 小手工 -

自制包装纸

你知道适合做包装纸的东西之一其实是牛皮纸吗？它可能看起来并不特别，但你可以将牛皮纸变成漂亮的礼物包装。也可以使用快递打包纸。这种纸可以批量购买，而且很耐用。现在你已经是一个礼品包装好手了，就让我们开始探索使用牛皮纸包装和装饰礼品的多种方法吧。

牛皮纸与优雅的丝带和鲜花。 用牛皮纸包裹礼物，用胶带固定。选择一条任意颜色的丝带。你也可以使用自然质地的材料，如麻线。将丝带从两个方向绕在礼物的中心，然后在顶部系上蝴蝶结。从花园里摘一两朵小花，把花茎放在丝带的结上固定。用薰衣草会起到很好的效果，它会散发出一种怡人的香味。

私人定制的牛皮纸。 测量包装礼物所需的纸的大小，裁剪下来。在包装礼物之前，用邮戳或马克笔装饰牛皮纸。纸上装饰完成之后，再按通常的办法把礼物包好，并系上丝带。

土豆邮戳包装纸。 如果没有邮戳，你可以自己做一个，比如用土豆。将土豆切成两半，然后将选好的饼干模具压入土豆中。在家长的帮助下，用刀把饼干模具边缘的厚土豆片切下来。这样做可以让饼模的形状凸显出来。取下饼干模具。画笔蘸颜料涂在土豆凸起的部分，或直接用这个部分蘸一层薄薄的颜料。将土豆印章印在牛皮纸上，晾干后再包装好。使用金属色的颜料，比如金色和银色，效果棒极了，其他颜色也可以。

谢谢你

你了解了送礼物的乐趣,甚至知道如何利用家里已有物品来对礼物进行精美的包装。但收到礼物也是一件有趣的事情。能收到礼物真是太让人激动了!撕下包装纸,看到里面的东西的兴奋是无与伦比的。但是,如果你不喜欢收到的礼物怎么办?

在你做出消极反应之前,请记住送礼的目的:表达对他人的感激之情。记住有人在对你表示赞赏!那就是最大的礼物了!而东西本身是次要的。对任何礼物都要心存感激,并且一定要说"谢谢"。如果不喜欢礼物,也请把它藏在心里,并提醒自己要保持礼貌并心存感激。

满心期待地打开礼物
却是你不喜欢的东西,
千万别说"怎么是这样?这是什么呀?
我想要的是自行车!"
相反,要对礼物心存感激,
感谢对方慷慨地把它送给你。
说声"谢谢",微笑致意,
为有人珍惜你而感到开心。

学做一个好客人

当你在别人家里做客时，无论是在那里过夜，还是只停留一个下午，都应该保持最优雅的举止。多注意自己的行为会表达出你对主人的感激和尊重。他们邀请你做客表达了他们对你所表现的善意，而你良好的行为举止也会显示你对他们的尊重。

你听说过西班牙语 *Mi casa essu casa* 吗？意思是"我的家就是你的家"。主人可能会这样对你说，让你有宾至如归的感觉。尽管主人表示了这样的好心，但也要注意礼节。有些我们能在自己家里做的事情，在别人家是不应该做的，即使是在我们亲戚家里。例如，你在家里可能喜欢用沙发靠垫垒成个堡垒。在客厅里建个堡垒是不是很有趣？虽然你自己家里的人可能习惯了，但当别人走进客厅，发现所有的沙发垫都堆在地板上，可能会大吃一惊！这是一个极端的例子，但它说明了，在别人家里，我们不能像在自己家一样，想做什么就做什么。

参考下表中该做和不该做的事项，使自己成为懂礼节的客人。

如何做个好客人

不要在屋子里乱跑，要慢慢走。

拿出来的东西一定要收好。

保持公共区域整洁。如果你在客厅玩玩具，游戏结束后就把它们收起来。

多多询问你能不能帮忙，尤其是在吃饭的时候。

整理床铺和衣物，保持客房整洁。

切勿将脏衣服扔在地上，一定要把它们放在装脏衣服的篮子里（用空枕套替代也不错）。

进屋前一定要擦鞋或脱鞋。

千万不要到家具上或床上。

获得允许之后才能从冰箱或食品储藏室拿东西吃。

聚会结束后写一张感谢卡片或便条以感谢主人的款待。

学做一个好主人

我们已知道如何做一个好客人,但是该怎么做一个好主人呢?热情好客指的是主人对客人的友好款待。当你邀请人们到家中做客时,这样做就是一种体贴的行为。随着我们越来越忙于学校和家庭的各种事务,大多数人几乎没有时间招待朋友。也许你们家偶尔会有一个家庭日。但是,在某个下午打开家门,邀请邻居朋友过来享受下午茶如何呢?

- 小活动 -

邻里好客大挑战

通过邀请邻居来吃饭,以更好地了解他们,促进邻里关系。至于吃什么,不用太讲究。你甚至可以只提供茶和蛋糕。简简单单就好!

宴请清单
这是客人来之前要做的有关清单。这些都是父母通常会做的事情。既然你也知道了,就可以帮助他们为客人的到来做准备啦!

清洁客人将使用的浴室。 擦拭所有台面,确保有足够的卫生纸并且马桶是干净的。擦拭镜子,并准备一条干净的手巾。水槽旁的花瓶里放一支花会起到很不错的效果。

整理客人会看到的所有房间: 客厅、厨房和餐厅。将沙发上的靠枕放好并叠好沙发毯。用旧袜子快速掸掉表面的尘埃。确保所有的窗帘都拉开,让光线进来。打开窗户,保持空气清新。

如果厨房因为聚会做饭而变得一团糟，请尽可能按类别进行整理。 扔掉所有垃圾，水槽里装满洗洁精水，然后将所有碗筷放入水槽中。将所有没用完的食品放回冰箱和储藏室。将台面擦拭干净。把不该出现在厨房里的东西都拿出去（例如梳子、玩具、书籍等）。

调节音乐的声音，高低适中！

如果你们一起用餐，请布置好餐桌。（请参阅餐桌礼仪一章中的餐桌布置指南。）把喝茶要用到的东西都摆出来。

现在可以放松下来啦，把客人们都叫过来吧！ 即便出了点小状况也不用担心。客人们可能压根都不会注意到！能被邀请来做客他们已经很感激了。

下午茶食谱

下午茶是招待客人最简单的方式。你可以做一些小三明治、饼干和蛋糕,再加上一壶茶,把所有东西都摆出来,客人会很高兴的。这里准备了一些简单易做、好吃又好看的食谱。

黄瓜三明治

取两片切片面包,每片面包上都涂一点薄薄的香草奶酪。将去皮并切成薄片的黄瓜放在其中一片面包上。盖上另一片面包。切掉面包边,按对角线切成两个三角形。

三文鱼三明治

取出少量三文鱼放在盘子或砧板上。在三文鱼上挤少许柠檬汁,然后在上面撒点胡椒粉。将香草奶酪放在一片面包上。把调味的三文鱼放在面包上,再盖上一片加了香草奶酪的面包。切掉面包边,按对角线切成两个三角形。

花生酱果冻三明治

花生酱果冻三明治是人们的最爱。将花生酱涂在一片面包上,将果冻涂在另一片面包上,然后把两片面包合在一起。如果用饼干模具将这些三明治切成不同的形状,让它们变得特别一点,这会很有趣,可以做成星形、心形、圆形或动物等形状。

金枪鱼三明治

在一个小碗中,放入一罐140克左右的金枪鱼(沥干水分),加1汤匙(10克)蛋黄酱和切成碎末的橄榄混合调味。将它们涂在一片面包上。把一片生菜叶放在上面。再放上另一片面包,切掉面包边,再切成三角形或矩形。

蔬菜三明治

将香草奶酪或奶油奶酪分别涂在两片面包上。将切成薄片的蔬菜放在其中一片面包上,可以使用西红柿、生菜、黄瓜、洋葱或任何你喜欢的蔬菜。加盐调味。将另一片面包盖在上面,切掉面包边,再切成两个三角形。

鸡蛋沙拉三明治

将8个鸡蛋放入锅中。用冷水没过它们,放在炉子上,开始加热。一旦水开始沸腾,将定时器设置为8到10分钟。计时器响起后,关火,小心地从沸水中取出鸡蛋(可以请求家长的帮助)。把鸡蛋放在一边冷却。如果你想更快地冷却它们,请将它们放入冰水中。当鸡蛋冷却后,剥壳,然后将剥掉壳的鸡蛋放入一个中等大小的碗中。加入120克蛋黄酱,各1.5克的辣椒粉、盐和胡椒粉。将鸡蛋和调料捣碎。将鸡蛋沙拉放在切片面包上,三明治就做好了。

奶油奶酪和果冻三明治

在一片面包上涂上奶油奶酪,在另一片面包上涂上你最喜欢的果酱或果冻。将面包切片压在一起,还可以用刀切成有趣的形状。

对于重要的下午茶聚会,可以制作多种三明治,但日常来说,选择制作两到三种就可以了。制作三明治后,将它们摆放在盘子上,并用保鲜膜覆盖以保持新鲜。你也可以把它们放在一个分层的蛋糕架上。只需确保它们被保鲜膜覆盖,以便在客人到达时它们不会风干。三明治可与热茶、冰茶或柠檬水一起食用。招待客人,这是多么有趣又简单的方式啊!

自制柠檬水

这款柠檬水在炎热的夏日简直棒极了。加冰块饮用更佳!

制作 10 杯(2.4 升)所需材料如下:
350 克糖
2 升水
360 毫升柠檬汁(去籽)

先在锅中倒入 240 毫升水,再将糖倒进水中,用中火煮到糖溶解,为柠檬水制作一个简单的糖浆。等糖浆冷却之后,将它和剩余的水、柠檬汁放在一个大罐中混合。搅拌均匀就可以享用啦!如果想要来点特别的,还可以加点切碎的草莓或黑莓,制成一份清爽的浆果柠檬水。

当没人监督你的时候

"正直就是在你不是必须做的时候做正确的事情——即使没有旁人看着你的时候……"

——查尔斯·马歇尔

本章的全部内容是关于如何与他人相处，以及将他人的需求置于自己之前。有很多方法能帮我们做到这点：善待他人、体贴他人、原谅他人、邀请他们来家里做客等。但是如果一个人独处呢？真正的正直通常被定义为在没有人监督的情况下坚持做正确的事情。我们绝不能仅仅出于想给别人留下深刻印象或从父母那里得到奖励的目的而做某事。我们应该始终本着自己内心的善意行事，因为这才是正确的做法。永远不要问"我能从中得到什么？"而是"我能帮上什么忙吗？"真正的考验是你如何在没有人监督的情况下坚持正确的行为准则。你是否能坚持做对的事呢？

做正确的事，
不求回报，
不为赞赏，
不图从中获得什么好处。
只是坚持
做正确的事情，
并满足于行为本身带来的快乐。

– 小任务 –

他人优先

你的任务是为他人着想，把他人放在自己之前优先考虑。在尽可能多的不同场景中多多练习。从你的家人开始。看看会发生什么，有哪些变化。注意你遇到的困难，也享受你获得的成功。尽努力去帮助更多的人，邀请朋友做客，可以吃饭或喝下午茶。学会为他人服务，体贴周到，做一个真正优雅的孩子。

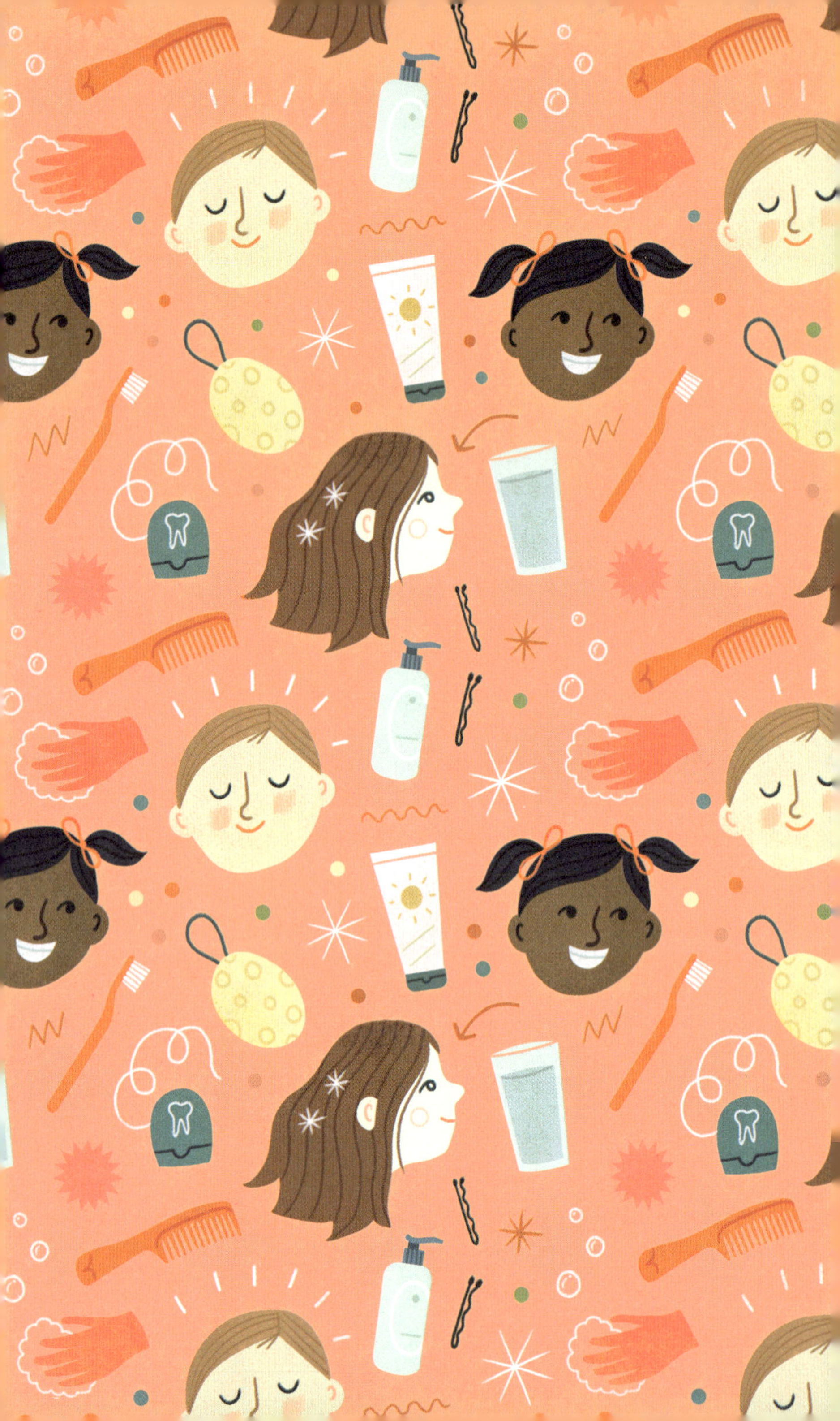

第五章

卫生与仪容

家长们，本章的目标是：
1. 学习良好的卫生习惯和仪容仪表；
2. 每天保持良好的卫生习惯；
3. 保持良好的卫生和仪容以照料好身体，并享受其中。

卫生，也就是我们如何照顾自己的身体以保持个人清洁和健康，是每个人生活中的重要组成部分。良好的卫生习惯不仅能让我们看起来干净整洁，还能让我们远离疾病。本章我们将讨论我们的皮肤、头发、指甲、牙齿，甚至衣服。优雅儿童的目标是始终保持整洁得体。如果从小开始练习，那么这一好习惯将自然而然地伴随你终身。我们的身体是非常了不起的，通过保持良好的卫生习惯和整洁的仪容，尽己所能照顾好身体。

照顾好你的皮肤

你知道皮肤是人体最大的器官吗？为了拥有健康的皮肤，我们必须让它保持清洁。按时洗澡、使用温和的肥皂清洗皮肤，可以保持皮肤毛孔清洁和各种功能正常运转。建议温水沐浴，使用沾有温和肥皂泡沫的毛巾擦洗身体。不要忘记那些不容易接触到的地方，比如背部和脚底。轻轻擦洗并彻底冲洗干净。洗完澡后，可以涂抹润肤露，以免皮肤干燥和起皮。尤其要注意肘部、膝盖、手和脚底。这些地方往往特别容易干燥。

如果你通常在晚上洗澡，那么在开始新的一天之前，早上要洗脸。在镜子里仔细看看你的脸，确保眼角没有睡觉时可能形成的眼部分泌物。你可以用棉签或湿毛巾的尖端轻轻把它们弄出来，当然，也可以用水洗掉。

如果要长时间暴露在阳光下，请在裸露的皮肤表面涂抹防晒霜，尤其要注意脸部。防晒霜可以防止有害的太阳光线并防止皮肤灼伤。它还可以防止以后出现皱纹甚至皮肤癌。涂抹SPF值为30或45的防晒霜。SPF代表"防晒系数"。

其他护理皮肤的方法：吃水果、蔬菜以及多喝水。多喝水有助于清除皮肤毒素，使其焕发光彩。每天应该喝多少水呢？按照下面的表找出答案。

年龄	平均喝水量
5—8岁	7杯水（1.7升）
9—12岁	8到10杯水（2到2.4升）
13岁及以上	10杯水（2.4升）

说到洗手，请记住这条黄金卫生准则：上完厕所一定要洗手。要把手洗干净，先要卷起袖子。在流动的水下把双手打湿，然后在手上涂抹肥皂，揉搓几秒钟打出泡沫。接下来，双手在水下搓搓约20秒。可以数数到20或唱一首字母歌来计算时间。之后用毛巾擦干双手。如果毛巾变湿了或弄脏了，可以换一条干净的毛巾。

上完厕所后，
洗净手上所有细菌。
在院子里挖土，
和虫子玩耍后，
即使你认为没有必要，
我们也要洗手，
用流动的水和肥皂洗手，
洗完记得擦干双手。

除了上厕所要洗手外，这些情况下也别忘了洗手：吃饭前、出门刚回家时，以及知道自己手上不干净的时候。你永远不会知道自己怎么感染上病菌的，所以回家后一定要洗手。如果洗手后觉得皮肤很干燥，就涂上护手霜。经常洗手可以帮助你预防疾病。

呵护你的牙齿

你知道牙菌斑里有 300 多种细菌吗？每天至少早晚刷牙两次，这是保持牙齿健康的好方法。刷牙的时候不要着急！慢慢来，确保牙刷刷过口腔内外的每颗牙齿。让牙刷以柔和绕圈的方式刷过牙齿。

你知道汽车速洗服务吗？那些巨大的擦洗机深入地触及了车辆表面的每一寸地方。想象一下，这就和你刷牙是一回事！快结束的时候吐出嘴里的泡沫，漱口，把牙刷冲洗干净。

当有食物塞进牙缝里，应该学会使用牙线。拿起牙线，在每颗牙齿之间移动。它可能会让你发痒，让你觉得有点滑稽，但你的确是在清洁牙齿的缝隙。当长期有食物塞在牙缝里就会形成蛀牙。每天晚上尽可能使用牙线让牙齿保持最佳状态，即使你觉得有些麻烦。你可以在刷牙之前或之后使用牙线。你自己决定就好！

完成刷牙和用牙线的常规操作后，最后使用漱口水清洁口腔。用少量漱口水在嘴里漱口至少 20 秒。小心不要吞下它！然后把它吐在水槽里。用水冲洗水槽，这样它就不会被漱口水弄脏了。保持这个习惯，牙医见到你满口健康的牙齿一定会非常高兴。

下表列出了对牙齿最有益和最有害的食物。最有害的食物之所以会损坏牙齿，是因为它们会粘在齿缝之间，形成腐蚀牙齿的物质，从而导致蛀牙。如果你喜欢"最有害"清单上的食物，请在吃完饭之后立即刷牙并使用牙线清洁。

对牙齿最有益的食物	对牙齿最有害的食物
水	苏打水和运动饮料
水果	焦糖和太妃糖
奶制品如牛奶、奶酪和无糖酸奶	白面包
绿叶蔬菜	薯条
蛋类	炸物
鱼类	黏性麦片棒
豆类	果汁
全谷物	水果干
鸡肉和牛肉	碳酸饮料
坚果	水果软糖
豆腐	饼干

始终保持浴室内刷牙区域的整洁。刷完牙后,将牙刷放回支架中。不要把它放在台面上,以免沾染细菌。自己使用自己的牙刷,切勿与兄弟姐妹共用牙刷。购买款式不同的牙刷,以免发生混淆,或者在刷柄上写上自己的姓名。牙线也要装在容器里,把漱口水和漱口水杯整齐地放在台面的镜子前。为呵护自己珠玉般的牙齿感到骄傲,辛苦付出的回报就是长久拥有一口洁白健康的牙齿。

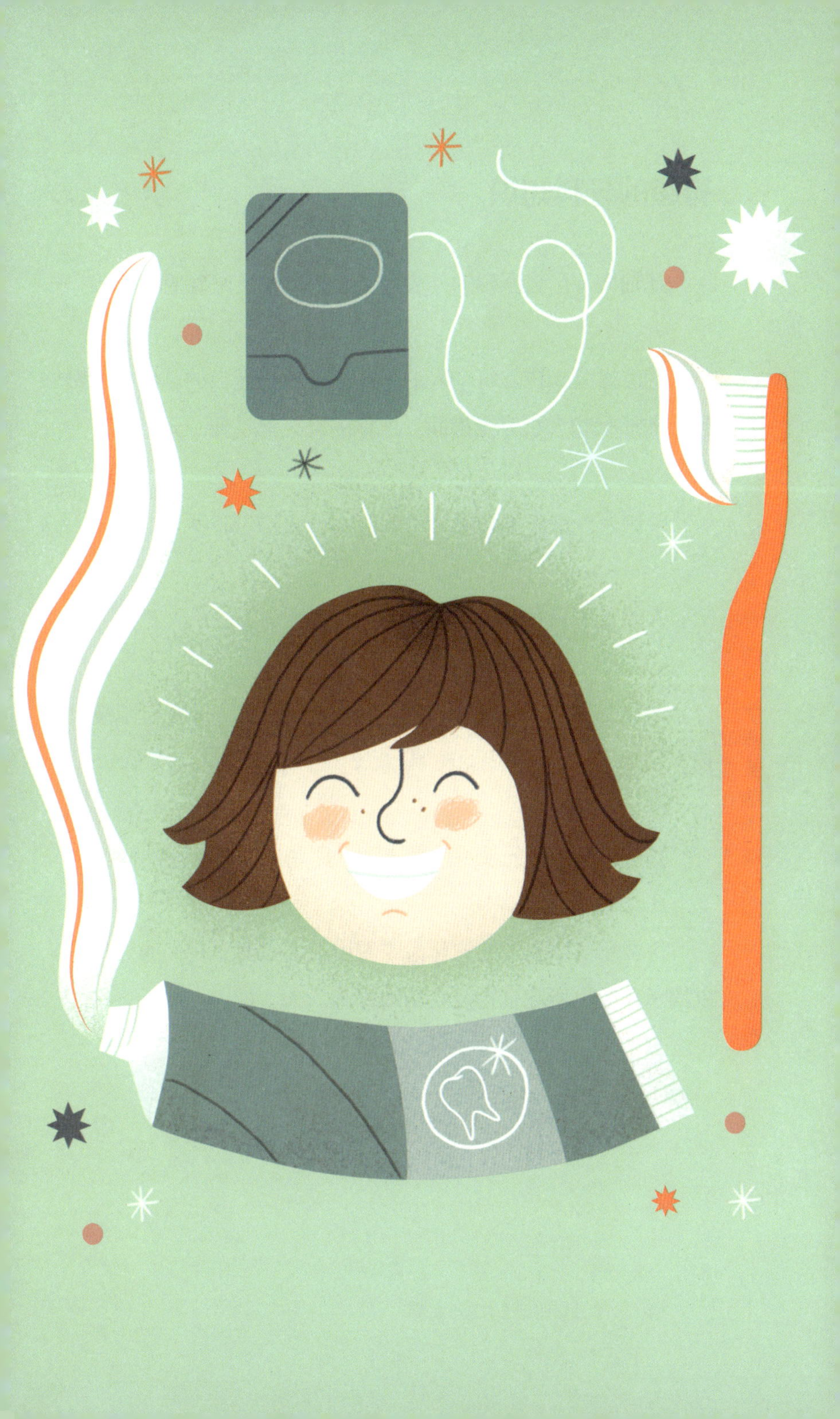

有趣的牙科知识

牙釉质（牙齿坚硬的外表面）是人体中最坚硬的物质。

就像指纹一样，每个人的牙印都是独一无二的。没有两颗牙齿的形状和大小完全相同。连你的乳牙都是独一无二的！

美国人一生中用在刷牙上的时间平均为38.5天。

人的一生只有两副牙齿：乳牙和恒牙。

恒牙分四种不同的类型来帮助我们切割、研磨和撕裂食物：切牙、尖牙、磨牙和智齿。

我们最早的祖先使用的第一把牙刷是末端打磨过的树枝。

科学家可以从人们的牙齿中看出很多东西。我们的牙齿可以揭示年龄、所吃食物及生活地域等。

上厕所

让我们来谈谈另一件所有人都必须做的事情：上厕所！最重要的是，想上厕所的时候马上就去。不要憋着，即使你正在享受人生中最快乐的时光，不然你可能会发生如厕事故。每个人的一生中都经历过这种事情，而这太令人尴尬了！所以当你的身体发出要去洗手间的信号时……快去！

当我们使用厕所的时候，要尽可能远离病菌，同时也要注意保持环境整洁以便其他人使用。男孩们，我们要准确地瞄准马桶，这样马桶座或地板上就不会沾上任何尿液。如果的确弄脏了马桶，请在上完厕所后用一次性抹布把它清理干净。不要忘记擦拭和冲洗马桶，然后洗干净手。

上完厕所后,别忘了冲水。
即使你很忙,心中特别急。
上完厕所后,要听到水流声。
莫给来人留"惊喜"。
别忘了冲水!

当你使用公共厕所时,请选择一个看起来尽可能干净的隔间。如果你走进一个脏乱的隔间,就换个更干净的。如果必须坐在马桶上,一定要使用座垫。因为是公共厕所,所以马桶会被很多人坐过,马桶座垫可以保护你免受其他人的细菌感染。上完厕所后用肥皂和水洗手,然后用纸巾或干手器弄干双手。上完厕所后洗手是一件格外重要的事情,因为那里有许多细菌。

- 人物聚光灯 -

路易斯·巴斯德

路易斯·巴斯德(1822—1895)是一位法国微生物学家、化学家,以其在疫苗接种、微生物发酵和巴氏消毒法方面的开创性贡献而闻名。他发明了炭疽和狂犬病疫苗,挽救了无数生命。他最著名的是发明了消灭牛奶中的细菌又不影响口感的方法。如今,我们称这一过程为巴氏消毒法,正是以他的姓氏命名的。

感冒时的卫生防护

你有没有遇到过打喷嚏忘记捂嘴的人?很有可能,你被喷到了!我们知道细菌会在打喷嚏时传播,所以打喷嚏的时候一定要用胳膊捂住,准确地说是用肘部内侧,也就是用你手臂弯曲的地方捂住再打。为什么不用手呢?当你对着手打喷嚏时,细菌会留在手上,然后将细菌传播到你的手接触到的地方,你可能会触摸门把手、电话,甚至与他人握手,那么细菌可能会转移到这些地方。但是,当你对着胳膊打喷嚏时,可以防止细菌传播。

流鼻涕的时候一定要使用纸巾擤鼻子并擦掉。每次用完的纸巾要及时丢到垃圾桶中,这也有助于防止细菌传播。擤鼻涕后一定要洗手。如果你因为鼻塞而呼吸困难,可以在每个鼻孔中喷几滴生理盐水来疏通它们。如果鼻部因擦拭过多而感到疼痛,可以在疼痛部位擦少量凡士林来舒缓。

清洁指甲

如果你已经学会使用指甲钳,就可以随时修剪自己的指甲。我们应该避免指甲过长,因为它们很容易折断并妨碍日常生活。当你的指甲太长了,挖东西、打字和运动会变得更加困难。长指甲也容易藏污纳垢,所以让它们保持短而整洁的状态很重要。

剪指甲时如果不想将指甲剪成锯齿状边缘的形状,关键是,先剪指甲的右边,再剪左边,最后剪中间。一定要保留一小截指甲,尽量不要剪得太短,否则容易受伤。如果你的指甲还是太锋利或呈锯齿状,可以用指甲锉把它打磨得光滑一点。

如果手长了倒刺,也就是指甲侧面翘起的一块死皮,可以使用剪刀把它从底部剪掉。如果指甲下面有污垢，则必须使用单独的工具将污垢清除。可以用木制或金属指甲清洁用具，从指甲底部的一侧开始，一直拖到另一侧，把污垢都弄出来，然后洗干净手。如果指甲的角质层中有污垢（角质层是指甲末端和皮肤开始的连接处），可以使用指甲刷在温肥皂水中擦洗双手。一个不错的方法是在浴缸里放一把指甲刷，这样你就可以每晚清洗指甲了。

> 一天要干的事情太多了：
> 挖东西、弹钢琴、写字、荡秋千！
> 让我们的指甲又短又优美。
> 指甲下面也要清洁，这样整洁又卫生。
> 不管你是谁，
> 让指甲保持清洁准没错。

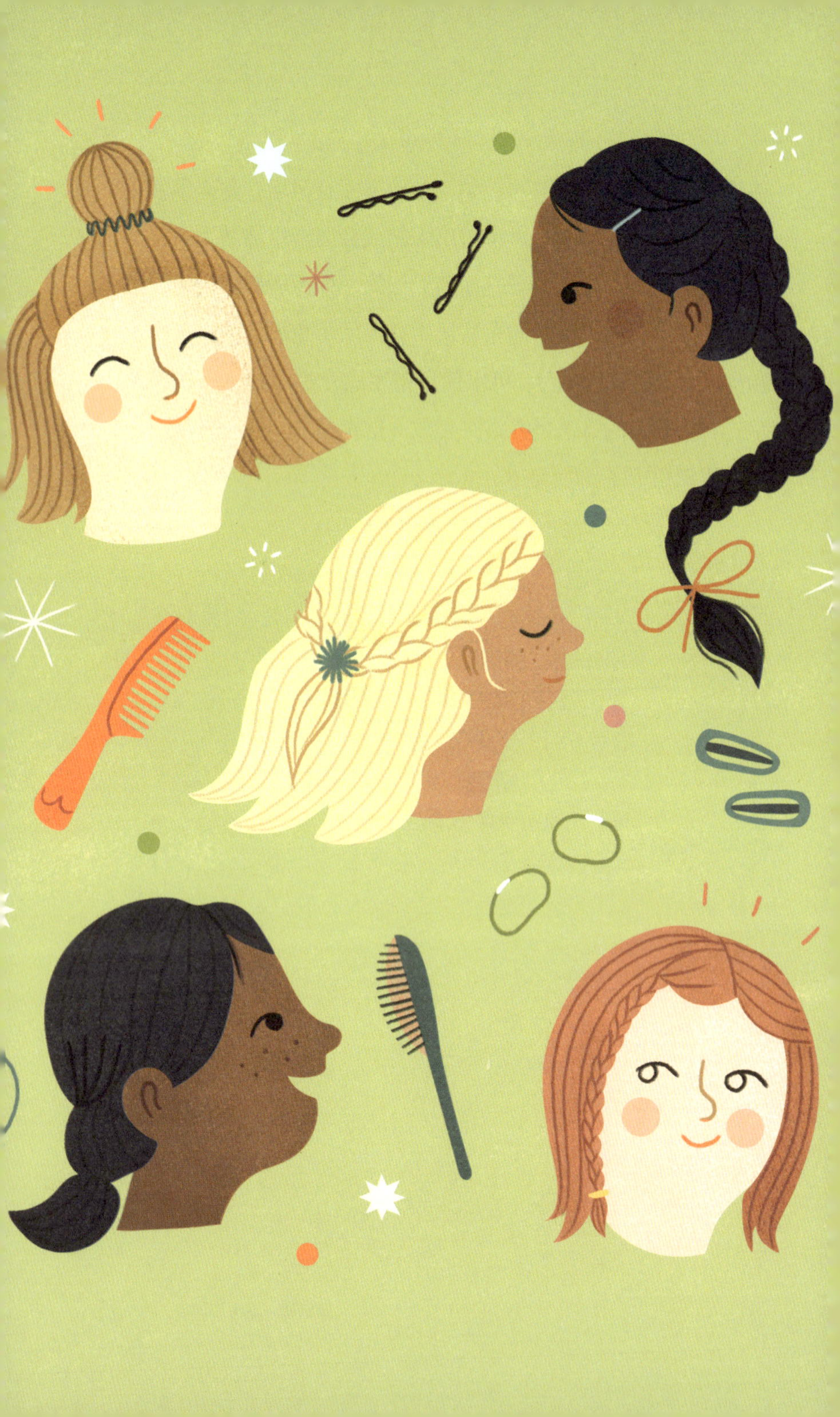

呵护你的头发

保持头发整洁卫生是我们接下来要讨论的问题。如果你是短发，这件事对你简直轻而易举！只要定期洗头就好了。早上按你自己的想法梳好头。有些人喜欢使用发胶来固定头发。

假如你是长发，想必你对"打结"这个词肯定很熟悉！没有人喜欢头发打结，这会让梳头发变得非常痛苦。但你可以通过几个简单的步骤来避免头发缠结在一起。

洗头时，将梳子打湿或是使用专为头发打结而设计的梳子把打结的地方梳好。分层次梳理头发，先从底部开始，再慢慢一路向上。梳到头顶时，你的梳子会顺着头发顺滑地滑下来，因为你已把下面所有的缠结解开了。

如果想要洗头后拥有一头顺滑的头发，请定期梳理头发，尤其是在睡觉前。如果您的头发非常卷曲，就不能梳得太多，因为那会改变卷曲效果，使它变直。

DIY 发胶

尝试自己制作发胶。这是一件简单而有趣的事情!

制作 1 杯(240 毫升)所需材料如下:
1/2 至 1 茶匙(2.5 到 5 毫升)原味明胶
1 杯(240 毫升)温水
精油(可选)

将明胶溶解在温水中并充分混合。请注意,1 茶匙明胶会让你的头发牢牢固定,而 1/2 茶匙将让它保持轻盈。你可以根据你想要的效果来选择明胶的量。把它放在冰箱里冷却至少 3 小时,或者直到它凝固。如果你喜欢,可以在发胶凝固后加入几滴精油。使用洋甘菊、薰衣草、檀香或薄荷味的精油效果会很好,而且气味宜人。你可以将发胶倒入贴有标签的挤压瓶中,使其更容易涂抹。自制发胶的使用期是 1 到 2 周。将其储存在冰箱中可以延长使用期。

头发打结很大程度上是晚上睡觉时,头发在枕头上摩擦形成的。要避免头发在夜间打结,你可以将头发编成辫子,如果可能的话,编一到两条辫子。睡醒以后,你可以把辫子松开,然后再梳理头发。这样不仅头发不会缠结在一起,而且还会拥有一头漂亮的卷发。

你有没有注意到发梳上缠着的落发? 在使用发梳梳头的时候也要记得保持梳子的干净。每周清理一次梳子,清理掉缠在梳齿之间的头发。如果使用的护发产品(例如发胶)在刷子上有残留物,你可以在流水下用少量洗发水清洗梳子,然后让它完全干燥,放在阳光下可以干得更快一点。定期清洁梳子并且放回原位,有助于保养好你的梳子。

保持仪容整洁

保持头发清洁是良好的卫生习惯,也是良好的仪容仪表!想出一些简单的、喜欢的发型,然后独立练习。千万不要头发乱糟糟地跑出门去。整洁的头发可以让你看起来更得体。

5 款适合长发的简单发型

单边辫子:头发梳顺,将头发分成两半,一侧略多。从头发多的一侧取少量头发,然后编成辫子。用发圈固定在辫子的底部。

两股半扎辫：在头部两侧各取少量头发编成辫子，底部用皮筋固定。将两条辫子放在脑后，用皮筋系在一起。然后，你可以把之前两根发辫底部的皮筋取下来了。

低马尾：在头的底部用发圈或皮筋把头发扎成一个马尾。把皮筋往下拉一点儿，然后将皮筋上方的头发在中间开个洞。让马尾穿过这个洞。当马尾翻过来后，拉一下马尾的两边把它拉紧。扎好的这个马尾会十分牢固，从后面看也很漂亮。

半丸子头：将头发分成上下两半。梳理头发的上半部分，在头顶绕成一个"丸子"，用皮筋和发夹固定好。

法式发辫：将头发分成两部分，暂时用发夹固定一侧。从头顶开始编一个法式辫子，沿着头部的一侧一直向下编，直到整个部分都编好。用发圈固定。另一边重复同样的动作。这个发型非常适合运动。

穿衣服

每天衣着整洁是良好仪表的重要组成部分。如果你的衣服脏了或破了，想办法用去污剂来清洁它并把破洞修补好。如果不行，可能就要拿它来做抹布用了。要穿干净、整洁且不起褶皱的衣服。怎样才能每天轻轻松松地做到这点呢？无论衣服是烘干的还是晾干的，干了之后就要马上收起来。立即挂好或者叠好，以防止起皱。

如果你还没给衣服找到地方分类存放，那就自己动手做一下。例如，如果你有一个柜子，最上面的抽屉可能是袜子和内衣，第二层抽屉可以装上衣，第三层抽屉可以装下装（裤子、短裤、紧身裤、裙子等），最下面的抽屉可以放睡衣。衣服和外套可以挂在衣柜里。如果你装上衣的抽屉里没有多余的地方放毛衣了，可以将它们折叠起来，单独放在架子上。一定不要随意将衣服塞进抽屉，尽可能将它们折叠整齐，以便穿的时候不那么皱皱巴巴的。

折叠 T 恤的两种方法

传统叠法：将 T 恤正面朝下放在平坦的表面，然后抚平上面的褶皱。先把左侧向内折 1/3，再把右侧用内折 1/3。如果袖子过长，可以把它们折回本侧。现在将 T 恤上下对折。把它翻过来，你就拥有了一件折叠得很漂亮的 T 恤。

直立折叠：如果将 T 恤直立存放在抽屉中，你就可以同时看到所有的 T 恤，试试这个办法吧。与之前的传统叠法一样，将 T 恤正面朝下放在平坦的表面上，然后折叠成三段，有需要就把袖子折进去。现在将 T 恤从上到下纵向折成三段。将它直立放在抽屉中。

如何修补衣服

准备好针线,取出穿破的衣服。要确保缝补用的线适合该衣物,比如颜色、质地等,这样能融为一体,看不出修补的痕迹。线的一头穿过针眼,拉到和另一头平齐,在尾部打个结。现在拿起穿好线的针,从衣服背面距离衣服破洞约 6 毫米左右的地方开始,将针穿过衣服。回过头去上下缝补,直到到达破洞的地方。这时候就要将针线从破洞处的两侧穿过,保证破洞闭合。从破洞的一侧开始,然后穿过破洞的另一侧。将针穿过衣物背面并反复穿过破洞处,直到把整个口子都缝好。继续缝 6 毫米左右,然后在衣物的背面结束缝补。剪断线,留下足以打成双结的长度。衣服的破洞就缝好啦!

自制去污剂

由于做去污剂需要用到过氧化氢,请在父母的帮助下进行制作。

制作 3/4 杯(180 毫升)所需材料如下:
3 汤匙(45 毫升)小苏打
1/4 杯(60 毫升)洗洁精
1/2 杯(120 毫升)过氧化氢

将小苏打放入贴有标签的喷雾瓶中。然后将洗洁精和过氧化氢加入瓶子中。如果需要，你可以使用漏斗。注意要使用深色喷雾瓶，因为过氧化氢在光线下会分解。盖紧盖子并摇晃均匀。将去污剂喷洒在弄脏的衣物上，先揉搓几下，然后将衣物手洗或机洗干净。

每日穿衣打扮的动机

为什么我们每天要花费功夫换好衣服？为什么不能一整天就穿睡衣呢？毕竟，它们太舒服了！当你换好衣服，其实就在为这一天即将到来的一切做好准备。你看上去会精神抖擞，而不是懒洋洋的。这是一种尊重自己和周围人的表现。无论你是穿校服还是便服上学，都要为好好穿衣服而高兴！当你穿好衣服时，就意味着新的一天到来了。今天有什么正在等待着你呢？

换衣服的时候也别忘了做好整理。当你脱下睡衣时，发现如果已经脏了，就顺手把它们放进脏衣篮中。如果打算晚上继续穿，你可以把它们叠起来放在枕头下面。

选择当天要穿的衣服时，只拿出你打算穿的衣服。如果没有想好，那么一定要记得把拿出来但没穿的衣服收好。请记住，我们不能将衣服直接塞进抽屉，而是花些时间把它们叠好并整齐地放在抽屉里。现在我们的房间一直都是干净整洁的，我们不要把衣服堆在地板上。确保所有散落的衣服都放在合适的地方。

在决定穿什么的时候，一定要考虑天气。如果天气很冷，你要注意防寒保暖。如果天气会转暖，你就少穿点。如果你对此不是很确定，那就多穿几层，如果热起来了，就脱掉一层。

- 小贴士 -

穿袜子

你有没有出门太过匆忙忘穿袜子的时候? 除了能让你的脚感觉舒适之外,穿袜子实际上也是日常卫生的重要组成部分。穿袜子可以防止脚臭,因为它们可以吸收脚上的汗水。如果你不穿袜子,汗水会直接进入你的鞋子。因为你经常洗的是袜子而不是鞋子,所以鞋子会因汗水而发臭。穿袜子甚至可以预防脚气。因此,除了穿凉鞋的时候外,穿其他鞋一定要记得穿袜子。

- 小任务 -

保持良好的卫生习惯

通过本章的内容,我们了解了如何保持良好的卫生习惯和仪容仪表。 每天早上给自己足够的时间做好准备,这样就不必太匆忙。刷牙、清洁身体、保持手和指甲卫生、梳理头发、穿着整洁,这些都会让你获益匪浅。保持干净和整洁是培养良好卫生习惯和保持仪容整洁的关键。

我没有衣服穿了！

你是不是有过看了衣柜却发现没有衣服可以穿的时候？有时问题在于你的选择太多了。定期检查衣服，取出穿着不合身并不会再穿的衣服。还记得关于保持整洁的那个章节中的捐赠小活动吗？ 你可以将旧衣服捐赠给慈善商店，以便其他需要的人可以穿。这将为你腾出衣柜的空间并减少选择的数量。如果只有几套衣服可以选择，早上换衣服会更容易一些。

> 妈妈叫我穿好衣服，
> 我打开衣柜压力很大。
> 不知道今天该穿什么，
> 选择实在是太多了。
> 我绝望了！
> "我没衣服可穿，妈妈！"我说。
> 她说："亲爱的，你还是要穿好衣服。"

前一天晚上选好要穿的衣服，然后把它们放好，这样早上的时候直接穿就行，甚至不需要考虑。查一查天气报告，根据天气来选择合适的衣服。

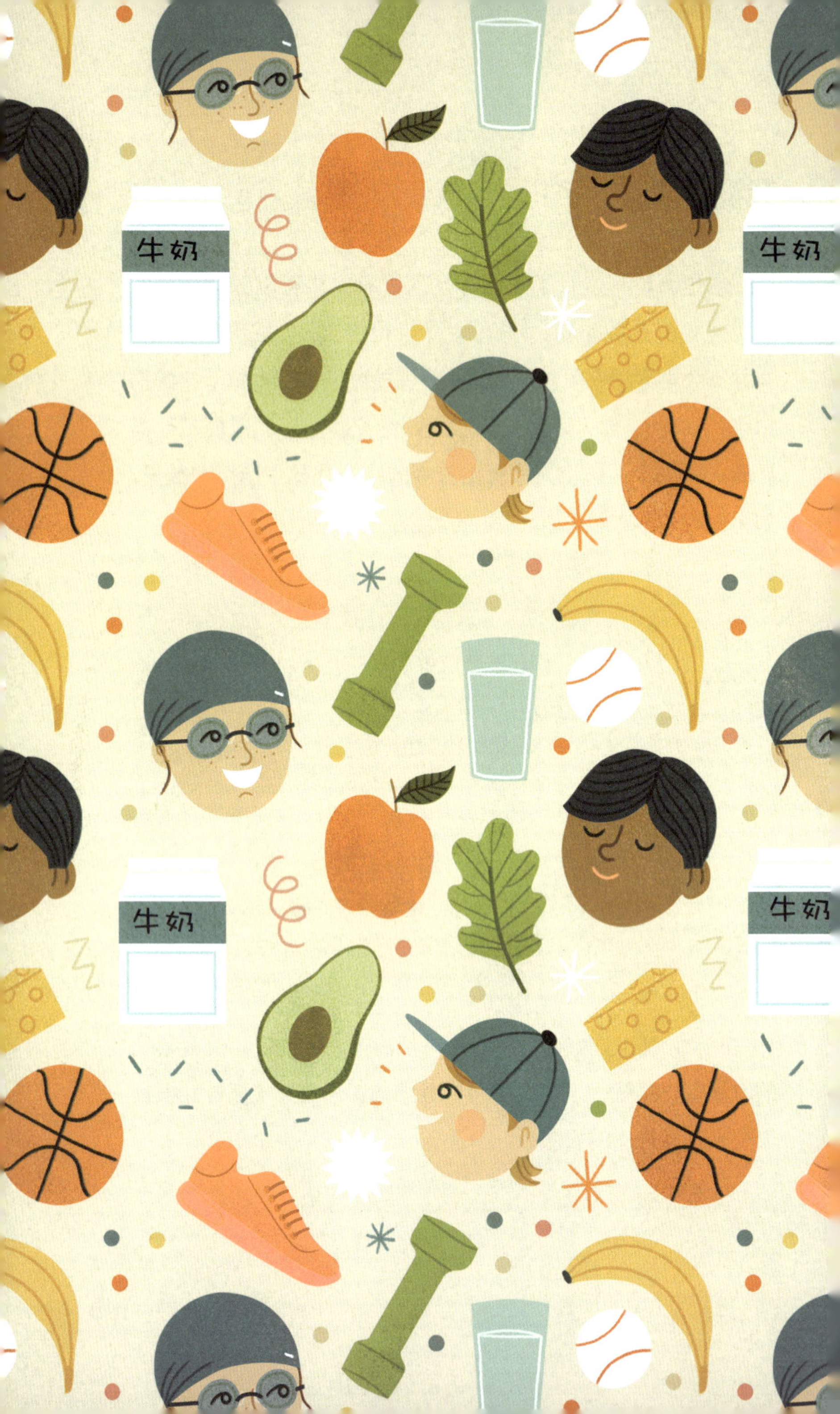
牛奶

第六章

6

身心健康

家长们，本章的目标是：
1. 了解如何培养健康的生活方式；
2. 每日践行健康的生活方式；
3. 享受健康。

我们的身体真的太了不起了，这也是为什么我们要尽可能照顾好它。优雅儿童知道健康的生活方式对我们是最好的。吃什么，如何锻炼身体，甚至怎样休息，都是我们日常生活中至关重要的组成部分。

你的健康

回想一下你曾生病的时候。也许你发烧了，咳嗽得很厉害。你可能觉得很痛苦，完全不想起床。生病和健康的感觉恰好相反。把自己的身体照顾得越好，你的身体就会越强壮。如果你从今天就开始培养健康的习惯，你的免疫系统会变得更强壮，你就不会那么容易得病。

关于免疫系统的 5 个惊人事实

1. 免疫系统由免疫器官、免疫细胞和免疫活性物质组成。
2. 免疫系统的每个部分都有其特定的功能和作用范围。
3. 如果睡眠不足,免疫系统会受到负面影响。
4. 压力会损害免疫系统。
5. 笑可以让你的免疫系统变得更强大! 笑会促使大脑释放多巴胺,从而减轻压力。多巴胺是一种化学物质,在脑细胞之间传递信息。

如果你希望通过一种健康的生活方式来让自己的免疫系统保持良好的状态,该怎么做呢? 我们将着眼于健康饮食、定期锻炼、充足睡眠、放松压力和笑口常开几个方面来对抗压力。现在就养成这些习惯,你会在往后的生活中都保持一种健康的生活方式。

好好吃饭

出生于 1755 年的法国著名政治家和美食家让·安塞尔姆·布里尔特-萨瓦林写下了这句名言:"告诉我你吃了什么,我就能告诉你你,是什么样的人。"换句话说,你吃什么就像什么!你觉得萨瓦林先生这句话是什么意思呢?

他并不是说我们吃了西蓝花就真的会变成西蓝花。他的意思是要想身体健康,你必须吃健康的食品。例如,如果你整天吃垃圾食品,从来没有真正吃过一顿饭,那么到了晚上你就会开始感到恶心。听起来一整天只吃棒棒糖、甜甜圈,喝苏打水就像美梦成真一样,然而实际上,你会对所有含糖的甜品感到厌倦,并希望吃点父母做的家常菜让你摆脱这种感觉。萨瓦林先生知道,如果你吃了劣质垃圾食品,你很可能会感到疲倦、不舒服和无精打采。如果你吃的是营养丰富的食物,你就会活力充沛,健康满满。每天的饮食对人的精神状态有很大影响,所以让我们好好吃饭吧!

— 小活动 —

5 道最喜欢的餐点

写下你最喜欢的 5 道菜品,并分享给父母,让他们知道你喜欢吃什么。 可以是煎饼、炸玉米饼等任何东西。然后问他们下次做这些菜的时候能不能在一旁学习,这样你便可以学习自己做啦!

1. _____
2. _____
3. _____
4. _____
5. _____

— 人物聚光灯 —

让·安塞尔姆·布里尔特-萨瓦林

让·安塞尔姆·布里尔特-萨瓦林(1755—1826)是一位法国政治家和美食家,他的著作《味觉生理学》(*The Physiology of Taste*)于 1825 年出版,至今仍广受推崇并仍在发行。萨瓦林关于食物哲学的核心内容就是:一顿美好的餐食给人带来的快乐和愉悦。萨瓦林对食物的健康态度可以启发我们所有人好好享受一日三餐。

食物类别

你听说过食物类别吗？五大食物类别分别是乳制品、谷物、水果、肉类（蛋白质）和蔬菜。为了饮食均衡，医生建议五大类食物每天都要摄入一点儿。我们最好先认清每种食物分属于什么类别。到厨房看看储藏室和冰箱里的东西吧。记下你看到的食物所属的类别。例如，牛奶、酸奶、奶酪都属于乳制品。试试在厨房里找出每个类别里几种代表性的食物。你可能会发现有些东西哪一类都不属于。薯片、纸杯蛋糕和糖果怎么分类？这些食物适量食用是可以的，每隔一段时间吃一点，但它们绝不能成为我们饮食的主要部分。我们必须自律，零食和甜食不能吃太多。

明智地选择食物

还记得萨瓦林先生的建议吗？作为优雅儿童，一定要明智地选择食物，这样我们才能身体健康、充满活力。如果你吃垃圾食品已经成了习惯，只需要改变想法并采取行动。吃零食的时候与其选择薯条和糖果棒，不如换成一个苹果，或是胡萝卜条。吃健康的食物会带来各方面的积极影响：增强免疫系统，学习更加专注，球场上获得更好的表现。

你认识练马拉松的人吗？也许你的妈妈、爸爸、阿姨或叔叔参加过马拉松比赛。问问他们是怎样做准备的。我敢打赌，除了每周几次的跑步训练外，他们还会尽可能多地吃健康食品。他们会告诉你，你吃的东西的确会影响你的身体，或好或坏。

健康饮食的一个很棒的建议是吃各种颜色的食物。留心观察一下，水果和蔬菜的颜色是如此丰富：红色的草莓、紫色的茄子、绿色的菠菜、黄色的甜椒、深红色的甜菜、橙色的胡萝卜、蓝色的蓝莓。当你食用这些天然色素丰富的食物时，就是在摄入丰富的抗氧化剂（可保护细胞）和充足的营养成分。

你能想想每个颜色类别包含哪些水果和蔬菜吗？每个类别都列出几种，这样你就知道哪些食物是要定期吃的啦。

查看以下食物表，看看你对了多少。

颜色	水果和蔬菜
红色	草莓、石榴、红甜椒、红萝卜、甜菜、覆盆子、红苹果、蔓越莓、西红柿、西瓜、樱桃
黄色	黄甜椒、柠檬、香蕉、菠萝、玉米、黄番茄
橙色	南瓜、胡萝卜、葡萄柚、橙子、南瓜、木瓜、芒果
绿色	菠菜、生菜、芝麻菜、西蓝花、青豆、豌豆、芦笋、西葫芦、黄瓜
蓝色和紫色	蓝莓、甜菜、茄子、黑莓、紫葡萄
白色	大蒜、白萝卜、菜花

在决定吃什么时，
来点色彩丰富的健康食物，比如甜菜。
菜花、梨和甜椒也一定要吃点。
再来点草莓、菠菜，
以及南瓜。
学会享用蔬菜和水果，
这会让你的健康
得到最有益的提升。

– 小活动 –

创建你自己的菜单

在这个有趣的活动中，你会创建自己的健康菜单。 准备一个小海报板、一支记号笔、一支铅笔和一张草稿纸。拿出草稿纸和铅笔。写下四个种类：早餐、午餐、零食和晚餐。现在，你要为自己理想的健康菜单进行头脑风暴啦。试试每餐涵盖上面提到的一个食物种类。假设这就是餐厅的菜单。想好了之后，拿出海报板和记号笔，创建一个就像你在餐馆里看到过的那种菜单。你可以把它挂在厨房橱柜上或储藏室门的背面，来获得健康饮食的灵感。别忘了给你的餐厅命名！

下面是一些菜单示例：

早餐：炒鸡蛋、全麦吐司、火鸡培根、新鲜水果配香草酸奶
午餐：全麦火鸡三明治配生菜、番茄和奶酪，桃子片和一杯牛奶
零食：苹果片配花生酱
晚餐：烤鸡配豌豆、土豆泥配肉汁和沙拉

菜单中要加入尽可能多的食物类别。当家里其他人做饭的时候，这份菜单也会给他带来灵感。

开始新的一天

以健康的方式开始新的一天的最佳方式是吃一顿健康的早餐。一顿健康的早餐可以在整夜不吃东西后为你的身体补充能量，让你精力充沛地享受这一天。你有没有想过为什么我们把一天的第一餐叫"早餐"（breakfast）？如果你把这个词拆开，你会看到两个词："break（打破）"和"fast（禁食期）"。

禁食期是指长时间没有进食。你可能每晚睡 8 到 10 个小时，在这段时间里你在禁食，因为你没有吃东西。当你早上醒来吃饭时，你打破了禁食期，即"breakfast"——换句话说，吃早餐！

早餐是一天中最重要的一餐，所以每天早上都要做出健康的选择。避免吃含糖谷物和含糖糕点。当然，在特殊情况下，早餐吃一个甜甜圈是可以的，但在日常生活中，尝试吃一些能让你精力充沛的食物，而不是让你感觉亢奋并消耗能量的食物。煎饼、华夫饼和法式吐司每周可以适量享用一到两次。

查看这张健康早餐表，了解你的早餐创意，并在下方写下你自己的创意。与父母分享这个表，这样你们每天早上都会有新的早餐点子。

创意健康早餐

燕麦片配切碎的水果和牛奶

炒鸡蛋配水果和吐司

香肠鸡蛋三明治

思慕昔配麦片

水果和酸奶冻糕配麦片

牛油果吐司配盐和胡椒

荷包蛋配吐司

麸皮麦芬配水果

早餐卷饼

隔夜燕麦杯

慢炖锅燕麦粥

这是一道晚上可以自行做好的美味健康早餐!早上醒来时,只需从慢炖锅里舀到碗里,便可以吃了。

制作 4 人份所需材料如下:
1 杯(80 克)燕麦(不是速溶燕麦片)
4 杯(960 毫升)水
1 汤匙(15 毫升)奇亚籽(可选)
可选择的浇头:甜味剂(红糖或枫糖浆)、切碎的水果、杏仁奶或普通牛奶、切碎的坚果等。

前一天晚上,在慢炖锅中加入燕麦、水和奇亚籽(可选)。盖好盖子,低火熬煮 8 到 10 小时。当你第二天早上醒来时,家里的每个人都可以吃上一碗燕麦粥。如果人多的话,可以多做一些。把热的燕麦粥舀到碗里,加入你最喜欢的浇头。每周可以由你来负责做一两次这种简单的早餐。虽然做起来简单,吃起来却很香!

隔夜燕麦杯

如果没有慢炖锅，你还可制作隔夜燕麦杯。隔夜燕麦杯是一小杯浇有你最喜欢配料的冷燕麦。冷燕麦听起来可能不怎么好吃，但尝尝看，你可能会被它迷住！这是制作一杯隔夜燕麦的方法。今晚就试一下吧，明天醒来看看你是否喜欢它。你需要准备一个小罐或水杯。

制作 1 人份所需材料如下：
1/2 杯（40 克）燕麦（不是速溶燕麦片）
1/2 杯（120 毫升）牛奶或杏仁奶
1/4 杯（60 克）原味或香草酸奶
2 或 3 汤匙（20 或 30 克）水果，如切碎的草莓、蓝莓、黑莓或覆盆子
1 茶匙（20 或 30 克）奇亚籽（可选）
1 茶匙（6 克）枫糖浆

把所有东西混合装在一个罐子里，盖上盖子，冷藏一夜。清晨醒来，健康的早餐正在等着你。

简易炒鸡蛋

由于要使用炉子,请在家长的帮助下制作这道菜。

制作 1 到 2 人份所需材料如下:
2 个鸡蛋
2 汤匙(30 毫升)牛奶
用于调味的盐和胡椒粉
1 汤匙(10 克)黄油

将鸡蛋打入碗中,加入牛奶、盐和胡椒粉。用打蛋器搅拌鸡蛋,直到它们被打散并完全混合。如果你想做全家人的分量,请添加更多鸡蛋和牛奶(鸡蛋一般是成人 2 个、儿童 1 个)。把一个中等大小的平底锅放在中低火上加热。不要让温度太高。在锅中融化黄油。黄油融化后,将打好的鸡蛋液倒入锅中。这一步可能需要家长来帮助你。要留心锅里的食物,因为鸡蛋熟得很快。拿一个勺子或大铲子,搅拌鸡蛋,把它们搅散。你不需要不停地搅拌它们,每隔 20 到 30 秒搅拌一次即可。一看到蛋液不流淌了而且变成固体,就把锅从炉子上拿下来。不然会把它们炒得太老。瞧——完美的炒鸡蛋制作好了。

思慕昔

要做思慕昔就做你最喜欢的那种，使用较少的液体可使其变稠。思慕昔通常由你最喜欢的新鲜或冷冻水果、牛奶（如杏仁奶）和香蕉组成。把它倒进碗里，在上面放上你最喜欢的配料，比如切碎的水果、切碎的坚果、麦片和椰子片。用勺子吃，享受每一口清爽的食物！美妙的口味组合有草莓香蕉、桃子香蕉、蓝莓香蕉、混合浆果香蕉和菠萝芒果香蕉。你还可以在所有口味的思慕昔中加入新鲜菠菜，让它变得更加健康。有关更多思慕昔食谱，请参考"水果的乐趣"部分。

牛油果吐司

你喜欢牛油果吗？它富含钾元素、健康脂肪和纤维素。早餐吃这个，一整天都会感觉很棒。

制作 1 人份所需材料如下：
1 片全麦面包
1/2 个牛油果
调味用的盐和胡椒粉
营养酵母粉（可选）

在面包机里把面包烤好。完成后，切片，将牛油果捣碎铺在面包片上直至平滑。撒上盐和胡椒粉，再撒上一层薄薄的营养酵母（这部分是可选的，不过它的味道很棒）。享受美味吧！

最好的麸皮麦芬

由于要使用烤箱,你需要家长来协助制作。

制作 12 个所需材料如下:
1½ 杯(170 克)麦麸
1 杯(240 毫升)酪乳
1/3 杯(80 毫升)植物油
1 个鸡蛋
1/3 杯(90 克至 130 克)白糖或椰子糖
1/2 茶匙(2.5 毫升)香草精
1 杯(120 克)通用面粉
1 茶匙(6 克)小苏打
1 茶匙(6 克)泡打粉
1/2 茶匙(3 克)盐
1/2 杯(60 至 90 克)切碎的枣、葡萄干或蔓越莓干

烤箱预热至 190℃。将纸杯整齐地排列在烧盘上。把麦麸和酪乳放在一个大碗里混合均匀。放在一边。再拿一个碗,将油、鸡蛋、糖和香草精放进去搅拌,然后倒进酪乳混合物中。加入面粉、小苏打、泡灯粉和盐,混合均匀。再拌入切碎的枣。将混合物均匀地倒入纸杯里。烘烤 15 到 20 分钟,或者用牙签插进去不粘。从烤箱中取出,放金属架上冷却。使用烤箱时请家长帮忙。从烤箱中取放东西时,请务必戴上专用手套。冷却后,将麦芬放进冷冻袋中冷冻。晚上取出一个麦芬解冻,作为第二天的早餐。

享用蔬菜

也许你喜欢水果,但不喜欢蔬菜。怎样能够以一种不那么抗拒的方式使蔬菜出现在你的一日三餐中呢?爱上蔬菜的秘诀完全在于怎么吃。配上美味的蘸酱、酱汁和调味料,你不但会爱上吃蔬菜,还会欲罢不能!

蔬菜沙拉

蔬菜沙拉就是一盘生蔬菜,通常配着蘸酱吃。你可能在聚会上看到过很多次这道菜。蔬菜沙拉好不好吃的关键在于蘸酱。美味的蘸酱可以让生蔬菜尝起来美味至极!这个菜不仅适合聚会时和他人一起享用,也是一份不错的日常零食。当零食吃的时候,你只需要放点你最喜欢的蔬菜,比如2根芹菜条和4根胡萝卜条。大盘的蔬菜沙拉可以包括芹菜、西蓝花、菜花、圣女果、甜椒、胡萝卜、西葫芦和黄瓜,但实际上可以放上任何你喜欢的生蔬菜。这里有一些美味的蘸酱配方,也很容易制作。只需准备好将食材混合在一起就好啦!

牧场蘸酱

牧场蘸酱可能是最广为人知的蔬菜蘸酱了,也很受欢迎。它可以给你的蔬菜增添美味。

制作 2 杯(480 克)所需材料如下:
1 包(28 克)干牧场调味料
2 杯(480 克)酸奶油

将调味料与酸奶油倒进碗里充分混合。享受吧!

牛油果酱

牛油果酱和薯片肯定是美味搭档,但你知道牛油果酱也能让蔬菜好吃起来吗? 这里有一份简单的牛油果酱制作配方。可以随意添加其他东西,比如碎番茄,这可以让它味道更好。

制作约 2 杯(480 克)所需材料如下:
2 个熟牛油果
1 汤匙(15 毫升)柠檬汁
1 茶匙(6 克)盐
适量胡椒粉
2 汤匙(20 克)切碎的香菜(可选)
1/2 个 番茄,切碎(可选)

(在家长的帮助下)将牛油果切成两半,避开中间的果核。用大勺子舀出果实。丢掉果核。将牛油果与柠檬汁、盐、胡椒粉和香菜(可选)一起放入碗中。使用研磨器,将牛油果与其他配料一起捣碎。有需要的话,最后加入碎番茄,让它更美味。

法式洋葱蘸酱

这种美味可口的蘸酱会刺激你的味蕾,就像牧场蘸酱一样,制作起来非常容易。

制作 2 杯(480 克)所需材料如下:
2 杯(480 克)酸奶油
1 包(28 克)法式洋葱汤混合物

将汤料和酸奶油倒进碗里搅拌至完全混合。享受美食吧。

菠菜和朝鲜蓟蘸酱

尽管这种令人温暖的蘸酱准备起来更麻烦,但它实在是太好吃了,尤其是在天气寒冷的时候。

制作约 4 杯(940 克)所需材料如下:
1 罐(784 克)朝鲜蓟,沥干
1 包(280 克)冷冻切碎的菠菜,解冻并完全沥干
3/4 杯(75 克)磨碎的帕尔马干酪
3/4 杯(180 克)蛋黄酱
1/2 杯(75 克)马苏里拉奶酪碎
1/2 茶(3 克)匙大蒜盐

烤箱预热至 180℃。在小烤盘或馅饼盘上刷上油。将所有配料放进一个大碗里混合均匀,再舀到准备好的烤盘中。烘烤 15 到 20 分钟,直到烤透。从烤箱中取出并冷却。使用烤箱时请家长帮忙。在烤箱里取放东西时,请务必戴上专用手套。

酸奶黄瓜蘸酱

柠檬汁为这道广为人知的希腊式蘸酱注入了活力,可以让所有蔬菜沙拉都美味无比。

制作约 1½ 杯(360 克)所需材料如下:
1 杯(240 克)希腊酸奶
1/2 根黄瓜,切碎
2 汤匙(30 毫升)柠檬汁
2 汤匙(20 克)切碎的新鲜莳萝
1 汤匙(15 毫升)白醋
调味用的盐和胡椒粉

将所有材料放入碗中,搅拌均匀。找家长帮你切黄瓜。把蘸酱盖好,放到冰箱中冷藏 1 小时再食用。尽情享受吧!

蜂蜜芥末酱

蜂蜜芥末酱是另一种大受欢迎的蘸酱。它独特的味道会让你爱吃的任何生蔬菜都甜美无比。

制作约 1 杯(240 克)所需材料如下:
1/2 杯(170 克)蜂蜜
1/3 杯(60 克)芥末酱
2 汤匙(30 毫升)苹果醋

把所有材料放在一个小炖锅里,放在炉子上用小火加热。让家长帮你开火。搅拌至稍微变稠。上桌享用吧。

水果的乐趣

水果本身就很鲜美了,但有时来点混搭、尝试点新花样会很有意思。许多水果都很适合做甜点,为一顿美味佳肴画上最后的点睛之笔。这里有一些很棒的水果菜谱,可以鼓励你多吃各种颜色的食物。

美味酸奶水果蘸酱

从你的新品蘸酱中汲取灵感,下次享用水果时试试这个。它好吃又甜。

制作 1¼ 杯(360 克)所需材料如下:
1 杯(240 克)原味酸奶
1/4 杯(85 克)蜂蜜
1/2 茶匙(2.5 毫升)香草精
少许肉桂粉

将所有材料混合在碗中。享受将你最喜爱的水果浸入这种美味的组合中,或者在一碗你最喜欢的切块水果上淋上蘸酱。

彩虹水果串

可以将你最喜欢的水果切成小块,任意组合在一起。橘子、猕猴桃、芒果、葡萄、菠萝、香蕉和草莓都是不错的选择。把你最喜欢的水果用签子穿起来,就像一道五颜六色的彩虹一样。水果串可以配美味的酸奶水果蘸酱一起食用。

草莓香蕉思慕昔

这款经典思慕昔可以完美地与任何健康食品搭配在一起。

制作 2 人份所需材料如下:
2 杯（300 克）草莓（如果不合时令，请使用冷冻的水果）
1 个半熟香蕉
1 杯（240 毫升）牛奶（也可以使用杏仁奶）
1/2 杯（75 克）冰
1 汤匙（15 毫升）蜂蜜

将所有材料放进搅拌机，搅拌均匀。盛入带有吸管的高脚杯中，然后尽情享用你的水果饮品吧。

绿桃思慕昔

这款思慕昔将水果和蔬菜结合在一起。如果它不是绿色的，你永远不会知道里面放了菠菜!

制作 2 人份所需材料如下:
1½ 杯（260 克）切碎的桃子，新鲜或冷冻的都可以
1 杯（240 毫升）杏仁奶（或其他牛奶）
1 杯（30 克）新鲜菠菜
1 个中等大小的香蕉
1/2 杯（120 克）香草酸奶或原味酸奶

将所有材料加入搅拌机中，搅拌均匀。插上吸管享用这款清新的饮料吧。

迷你水果比萨

想吃甜食的时候，试试这款迷你比萨吧。

制作 3 到 4 人份所需材料如下：
3 或 4 个面饼或全麦玉米饼
1/2 杯（120 克）原味酸奶
1 汤匙（15 毫升）蜂蜜
1 汤匙（15 毫升）橙汁
少许香草精
水果碎

使用切饼器，把饼切成圆形。备用。把酸奶、蜂蜜、橙汁和香草放在碗里，混合在一起。将酱汁涂抹在圆饼上，并在上面放上你最喜欢的新鲜水果。好吃极了！

冷冻巧克力香蕉块

这是一种十分美味的甜点，制作过程也很有趣。

制作 12 块所需材料如下：
3 根熟香蕉
1 杯（165 克）巧克力片
最喜欢的配料（椰丝、花生碎）

把每根香蕉切成两半，再对半切。你会得到 12 块香蕉。将牙签插入每块香蕉，放在盘上，冷冻约 1.5 小时，直至变硬。将巧克力片放入微波炉专用碗里，高火加热 10 秒，搅拌均匀。重复几次 10 秒加热的过程，直到巧克力完全融化。把蘸料铺在一个浅口盘子上。拿起牙签穿着的冷冻香蕉，蘸上巧克力酱，然后快速在蘸料中卷动。立即享用或者冷藏，想吃的时候再拿出来。

免烤椰子巧克力格兰诺拉麦片块

格兰诺拉麦片富含健康的脂肪，可为你的大脑提供一整天的能量。另外，你甚至不用烤箱就能把它做出来！

制作 24 块所需材料如下：
1 杯（80 克）燕麦（不是即食燕麦）
1/2 杯（60 克）亚麻籽粉
1/2 杯（120 克）花生酱
1/2 杯（85 克）迷你巧克力片
1/3 杯（115 克）蜂蜜
1 茶匙（5 毫升）香草精
1/4 杯（20 克）烤椰子丝

将所有材料放进一个大碗中混合均匀。将混合物倒入铺入有油纸的饼干模具中，你会得到约 24 块饼干。冷藏 1 至 2 小时。放在密闭容器中，冷藏最多保存 1 周，冷冻最多能保存 3 个月。

美味又健康的零食

零食时间，通常在午餐和晚餐之间，这个时候我们会想要吃点零食让我们不那么饿。零食时间我们容易选择垃圾食品而不是补充能量的健康食品。将下面列出的健康零食清单放在手边，这样你就不会在零食时间不知该吃什么了。你也可以加入自己的创意。

然而，重要的是不要整天不停地吃。你有没有过这样的经历，整天吃零食以至于晚餐都感觉不到饥饿？我们要确保适量吃零食。这意味着我们要控制吃零食的时间，而且不要吃得太多。白天有一个固定的吃零食的时间是很有用的。我们不要一直吃到晚餐，因为那样的话，我们吃晚饭时就不饿了。早餐、午餐和晚餐通常包含我们讨论过的重要的食物种类，获取这些营养很重要。有些人喜欢睡前吃点零食，尤其是在晚餐吃得比较早的情况下。

为自己设置固定的零食时间，享受健康的零食，避免养成不良的吃零食习惯。始终要尽可能选择最健康的零食。在一些特殊的日子，你可以享用纸杯蛋糕或冰棒。享受那些时刻！不过，一般情况下，选择零食时我们还是要多加注意。

健康零食创意

水果思慕昔

苹果片配杏仁黄油

爆米花配干酪和盐

玉米片配莎莎酱或牛油果酱

牛油果吐司加盐和胡椒

草莓花生酱可丽饼（取一个现成的可丽饼，涂上花生酱和切碎的草莓）

干酪和水果

一整块你想吃的水果

酸奶

一把杏仁或其他坚果

燕麦饼干和牛奶

生蔬菜，如胡萝卜和芹菜，搭配你最喜欢的蔬菜蘸酱

奶酪配全麦饼干

意大利腊肠和奶酪

麸皮麦芬

免烤格兰诺拉麦片块

饮用水

想一想世界上所有的饮料：咖啡、茶、果汁、苏打水、奶昔等！虽然都很好喝，但这些都是你一辈子不喝也没事的。只有一种不能缺少的，那就是水。人类需要喝水才能生存。我们大多数人都喝得不够。我们可能会每隔几个小时口渴的时候就喝几口，但实际上每天应该喝很多杯水。到底多少杯？7到8岁的儿童每天要喝7杯（1.7升）水，9至12岁的儿童每天需要8到10杯（2到2.4升）。几乎每小时就应喝一整杯水！

我们可能太忙了，过了几个小时才意识到没有喝水。这里有一个帮助你喝够水的点子。准备一个大水瓶，装满一天需要摄入的水量。目标是睡前喝完它。如果半天过去了，你发现喝的水还不够，那就再多喝点。多喝水，保持身体水分充足，对健康益处多多。水可以让你的皮肤保持健康，并且能让关节处于良好的状态，还能带走体内的垃圾。

甜食和自控力

每天吃一个小甜点是可以的。重要的是对甜品要有自制力。假设过节的时候你收到了一大篮糖果作为礼物。你可能想要多吃点。尽管在当时,这似乎是一个好点子,因为甜点很美味,但半小时后,你会觉得非常糟糕。

如果你曾经过量食用高糖食物,那么你很可能已经知道这种感觉有多么难受。

吃太多糖时，身体会怎样呢？以下是吃糖过多的一些消极影响。

吃太多糖会导致蛀牙。 糖会与口腔中的细菌相互作用产生酸性物质，从而导致蛀牙。

吃太多糖会导致皮肤问题。 例如痤疮、酒渣鼻和其他炎症。

吃太多糖会发胖。 含糖食物通常热量很高。高热量饮食会导致体重增加。什么是热量呢？它表示食物中所储存的能量。

吃太多糖会导致多种疾病。 例如心脏病和肝脏疾病。

我们已知道吃太多糖对身体有害，所以我们在享受甜食的时候一定要控制好自己。吃一颗糖果或一份甜点即可，而不是吃太多。即使你真的还想多吃点，也要自我约束，适量为宜。不慌不忙，尽情享受一点就好。慢慢吃，全神贯注。你会满足于你的那一份，同时不会因放纵食欲而感到不适。

香浓的巧克力蛋糕和美味的甜甜圈一直备受欢迎，但你知道美味的甜点也可以是健康的吗？当馋虫发作时，试试下面这些食谱，你可以尽情享用，并且吃得很健康。

蓝莓酸奶冰棒

这种健康的冰棒口感柔滑,令人满足。

制作 4 人份所需材料如下:
1 杯(240 克)原味酸奶
1 根熟香蕉
1 杯(160 克)冷冻蓝莓(或混合浆果)
2 汤匙(30 毫升)蜂蜜

将所有材料在搅拌器中混合均匀,然后将其倒入冰棒模具。冷冻 4 小时即可食用。

香蕉冰激凌

你知道香蕉冷冻之后会有一种冰激凌的质感,可以变成美味的零食吗?

制作 1 到 2 人份所需材料如下:
2 根熟香蕉

将香蕉切成小块,放在托盘上,冷冻至少 2 小时。将冷冻香蕉放入搅拌机中。搅拌到其稠度接近冰激凌。倒入碗中,尽情享用吧! 你可以在里面加入你最爱的配料。可以加入 1/4 杯(40 克)巧克力片或一些碎全麦饼干以增加口感的丰富度。

免烤巧克力燕麦棒

这种燕麦棒富含有益成分,而且不用烤箱就能制作!

制作 12 根所需材料如下:
4 杯(720 克)去核枣
1/2 杯(60 克)可可粉
1 杯(80 克)传统燕麦(非即食燕麦)
1 杯(150 克)生杏仁,切碎
1/2 杯(40 克)椰子片
1/2 杯(60 克)燕麦麸
1 茶匙(5 毫升)香草精

将枣在温水中浸泡 12 分钟使其软化。再将枣和可可粉放入搅拌机中,搅拌至混合。将混合物放入一个大碗中,然后加入其余的材料。如果混合物水分过多,可以加入更多切碎的坚果,如腰果、核桃或山核桃。搅拌至完全混合。在烤盘上铺好油纸。把混合物放在纸上,然后把它压平。冷藏至少 1 小时。做好后,切成条状。它们可以在密闭容器中最多保存 1 周时间。尽情享受吧!

巧克力草莓

巧克力草莓看起来非常有节日的氛围!

制作 12 个所需材料如下:
12 颗大草莓
55 克巧克力,切碎
1/4 杯(20 至 40 克)碎全麦饼干、碎坚果或糖果粒(可选)

清洗干净草莓并晾干。将巧克力放入微波炉专用碗中。加热 30 秒后搅拌。反复多次加热直到巧克力融化(这一过程大约需加热 90 秒左右)。把巧克力倒铺在一个浅盘子上(不使用盘子也可)。用牙签穿过草莓的顶部。把它浸入融化的巧克力中。如有需要,趁巧克力还热的时候,把涂有巧克力的草莓在巧克力盘里滚一滚。将草莓放在干净的油纸上。其余的草莓重复上述步骤。巧克力会在 20 分钟后变硬。食物需要在制作当天食用,所以与你的朋友和家人分享吧!

烤苹果

这是非常适合秋天的美味甜品，此时天气转凉，苹果又脆又甜。你需要家长来帮助你操作烤箱以及给苹果去核。

制作 4 人份所需材料如下：
4 个用于烘烤的大苹果
1/2 杯（40 克）传统燕麦（非即食燕片）
1/4 杯（35 克）葡萄干（可选）
1/4 杯（60 克）红糖
1 茶匙（6 克）肉桂粉
2 汤匙（20 克）黄油
1 杯（240 毫升）热水

烤箱预热至 180℃。清洗并晾干苹果。让家长帮你把苹果从顶部把核去掉，留个洞用于填放馅料。不要挖得太深以至于挖穿底部。将燕麦、葡萄干、红糖和肉桂粉放在一个碗里混合。将馅料塞进苹果。每个苹果涂上一小块黄油。放入烤盘，将热水倒入烤盘底部。烘烤 45 到 50 分钟，直到牙签插入没有阻力，整个苹果都变软。完成后，将盘中的一些汁液淋在苹果上。可以单吃或搭配一勺香草冰激凌享用。

- 小贴士 -

不要边走边吃东西

不要边走边吃东西。 在吃东西时，一定要确保你在桌子前坐好。如果你边走边吃，或者在车里吃东西，你很有可能吃得更多，超过你自然吃饱的时候。这是因为你没有注意你在吃什么。你同时还在做很多事：走路，吃东西，甚至说话！你可能吃得太快而且吃得多。一个重要法则是每一餐都要坐下吃，即便是吃零食。

运动是有趣的!

在讨论健康时,你会注意到饮食和运动经常被放在一起。饮食就是你吃的东西,运动就是锻炼身体的活动。无论天晴还是下雨,每天坚持锻炼很重要。

即便你加入了运动队,也仍然需要在日常生活中积极锻炼,运动队总有淡季和休息的时候。不应将锻炼视作一件苦差事。出去活动身体应该是件让人开心的事情。你可以充满期待!下面是天晴和下雨的日子,你可以选择适合自己的有趣锻炼方式。

晴天的户外运动	雨天的室内运动
游泳	跳绳
骑车	弹跳（小蹦床）
远足	开合跳
散步	俯卧撑
打网球	上下楼梯
跑步	跟着视频做运动
高尔夫	拉伸
足球，篮球，棒球，垒球	跟着音乐跳舞
捉迷藏游戏	举小哑铃

拉伸

早上醒来时，你的身体会感到僵硬吗？每天早上，在开始新的一天之前，伸展几分钟是一个很好的习惯。你即便穿着睡衣也能做到这一点！

拉伸的好处很多。可以促进血液循环，使身体变得更加灵活，减少肌肉紧张，从而提高你的运动水平。一些简单的伸展运动可以助你开始新的一天，并亲身体验其益处。以下是三个简单的伸展运动。

站立触摸脚趾。 站直，上半身向前倾，腰部尽可能弯曲，保持双腿伸直。看看你是否可以触摸到你的脚趾。尽可能多坚持一会儿，伸展时做深呼吸。

坐着摸脚趾。 坐在地板上，双腿伸直。将双臂举过头顶，深呼吸，上半身前倾，直到手指触摸到脚趾。如果你够不到脚趾也没关系，能够多远就够多远。做的时候保持深呼吸。

蝴蝶伸展。 坐在地板上，双腿伸直。现在把你的脚底相对。上半身前倾，尽量保持背部挺直，肘部压在腿的两侧。做的时候尽量保持深呼吸。

- 小活动 -

拼写名字游戏

如果喜欢能让你动起来的有趣挑战，可以试试这个拼写名字游戏。 看看下面的字母串。根据你姓名拼音的字母，执行对应的运动。如果你的名字很长，你将会得到很好的锻炼！ 与朋友和家人一起玩耍，会格外有趣。下雨天做这个游戏实在是棒极了！

A. 20 个开合跳
B. 12 个深蹲
C. 15 个前臂画圈
D. 15 个后臂画圈
E. 2 分钟靠墙蹲坐
F. 16 个仰卧起坐
G. 15 个深蹲
H. 10 个俯卧撑
I. 24 个开合跳
J. 12 个高抬腿
K. 原地跑 2 分钟
L. 30 秒平板支撑
M. 14 个弓步行走
N. 跳绳 2 分钟
O. 15 个高抬腿
P. 15 个前臂画圈
Q. 18 个侧抬腿
R. 仰卧骑自行车 2 分钟
S. 跳舞 3 分钟
T. 20 个仰卧起坐
U. 14 个俯卧撑
V. 20 个弓步行走
W. 原地跑 2 分钟
X. 2 分钟靠墙蹲坐
Y. 45 秒平板支撑
Z. 每个方向手臂画圈 15 次

  锻炼时，一定要保证饮水充分，并在需要的时候停下来休息。如果你不清楚游戏中提到的动作，下面是动作要领。

手臂画圈：站直，将双臂向身体两侧平举。慢慢地向前画直径为 30 厘米左右的圆圈。呼吸并确保膝盖放松。如果需要，再做一组手臂向后画圈。

仰卧骑自行车：平躺在地面上，把腿抬到空中。像骑自行车一样让腿部做画圈的运动。

仰卧起坐：仰卧，膝盖弯曲与臀部平齐。脚平放在地板上。双臂放在脑后，拇指相扣。用腹部肌肉发力带动身体。下巴向下收起，慢慢地蜷缩起来。你不需要完全起来，只需要让头部、颈部和肩胛骨离开地面，再放下。重复做这个动作。

高抬腿：站直，双脚分开与臀部同宽。伸出双臂，掌心朝下，与肚脐同高。快速抬起右膝与右手接触。右腿一放下，快速抬高左膝与左手相碰。重复以上动作。

侧抬腿：左侧卧，一条腿放在另一条腿上，头靠在伸出的手臂上。慢慢将右腿尽可能抬高，然后放回原处。重复这一动作。完成一组后，换到右侧，左腿重复同样的动作。

弓步：双肩向后打开，站直并向前看。右腿伸向面前，臀部往下压，直到右膝弯曲成 90 度角。你的膝盖应该位于脚踝的正上方。退回原位，左腿重复以上动作。

俯卧撑：面向地面躺下，双手和脚尖是唯一接触地板的部位。保持身体从腿到脖子都和头部在一条直线上。手与肩同宽。弯曲肘部让身体慢慢往下，越低越好，然后再撑起来。如果需要，膝盖可以着地，以获得更好的支撑。

平板支撑：做出俯卧撑的姿势（参见前面的练习），但不是将手放在地板上，而是将前臂放在地板上，形成90度角。保持脖子挺直。尽可能长时间地保持这个姿势，收腹并保持背部挺直。

深蹲：双脚分开站立，双手放在臀部。弯曲膝盖和臀部缓慢向下。保持背部挺直，膝盖不要超过脚趾。蹲到尽可能低的位置，然后缓慢上升。重复以上动作。

靠墙蹲坐：背部平贴墙面。双脚分开与肩同宽，离墙30到60厘米。屈腿，背部向下滑，直到形成90度角。这个姿势看起来就像你坐在一张隐形的椅子上！保持几秒钟。再重复以上动作。

开合跳：双脚并拢站直，双手放在身体两侧。以一种平稳的动作跳跃，分开双脚，同时双手举过头顶拍击。双脚平稳跳跃并拢，双手放回身体两侧。重复以上动作。

例行习惯

建立日常生活习惯是养成健康习惯的好方法。例行习惯是有规律地执行一系列行为。有些人可能认为例行习惯很无聊,但这可以为你一天的活动指引方向。如此一来,你总是清楚什么时候该做什么,而且你也可以有规律地练习所学技能,让它们也变成例行习惯的一部分。

晨间例事

最重要的日程是晨间例事。你是否有自己的晨间例事呢?如果有,请把你的晨间习惯写在一张纸上。你会发现哪些地方需要做出调整,添加计划或删除一些不必要的步骤。每天早晨,你的目标是以健康的习惯开启新的一天,结合你一直在练习的所有优雅儿童技巧来完成这件事吧。

下面是一个晨间例事示范:

早上7点起床。
上厕所。
刷牙。
做2分钟的拉伸。
喝一大杯水。
整理床铺。
穿好衣服,把睡衣妥善收好。
洗脸,梳头。
如果需要,涂抹防晒霜。
确保指甲干净。
吃一顿健康的早餐。
准备好上学用的个人物品。

这是一个非常基本的晨间例行清单。你可以在此基础上作出调整以适合自己的生活方式。要尽力做到以下要点:卫生和仪容(刷牙、梳头、洗脸、涂防晒霜、穿整洁的衣服)、整洁(整理床铺和收起睡衣)和健康(早上伸展身体,多喝水,吃健康的早餐)。你的目标是为这一天做好准备并乐在其中。当你穿着睡衣起床,去吃早餐似乎更容易(你完全可以在周末这样做),但是当你必须为上学或其他重要活动做准备时,可以实施工作日的晨间例事来迎接新的一天。

晚间例事

经过漫长的一天，晚间例事可以帮助你为睡觉做好准备。晚饭后做清洁和晚间活动（如练习乐器、做作业、玩游戏等）结束后，前往卧室准备睡觉。许多人在晚上洗澡，如果您在早上洗澡，可以将其添加到晨间例事中。下面是一个晚间例事的示例。

把当天穿的衣服放在脏衣篮里。
洗澡。
将乳液涂抹在皮肤上。
刷牙。
喝适量的水。
检查指甲并在必要时修剪干净。
如有必要，梳理头发并将其编成辫子。
准备好明天穿的衣服。
环顾房间，整理脏乱的区域。
带着一本好书上床。
读一会儿书。
关灯睡觉。

根据你的特定需求定制属于自己的夜间活动。关键是养成习惯。这意味着最好要每天坚持。养成良好的夜间作息习惯，注意卫生和仪容以及房间整洁并为第二天做好准备，你将期待迎来美好的明天。

休息

日常生活既要活力四射,也需要充足的休息。6 到 13 岁的儿童每晚需要 9 到 11 小时的睡眠时间。养成良好的睡眠习惯,并争取每晚在同一时间上床睡觉,以确保获得足够的睡眠。

我们应该什么时候睡觉呢?先从早上说起吧。你每天早上需要几点起床准备上学?要确定你的起床时间,记住穿衣、刷牙、梳洗、吃早餐和上学所需的时间。然后倒数 10 个小时,那就是你应该上床睡觉的时间。例如,如果你需要在每天早上 7:00 起床,那么你就要在前一天晚上 9:00 睡觉。

假如你现在的入眠时间比理想时间要晚一些,那么可以每天比前一天提早一点上床,直到达到理想睡眠时间。

为了安稳入睡，睡前至少 2 小时避免使用电子产品：电视、平板电脑、手机和任何其他电子设备。玩电子游戏或看电视节目会刺激大脑，让你感觉清醒，而不是困倦。为了让自己在睡前有事可做，可以做一点动作幅度较小的手工，或是给图画上色。通过这些活动放松之后，床上阅读绝对是最适合睡前做的事情。准备一盏品质良好的可以很好照亮书本的床头灯，然后阅读。

定期阅读不仅可以提高你的记忆力和智力，还可以对抗失眠。睡前阅读有助于放松身体，要不了多久，你就会感到困意。所以收集一些有意思的书籍并将它们放在你的房间。你将在每晚入睡前养成有益身心的阅读习惯。

> 月亮升起，该睡觉了，
> 去你的床上，但不要数羊。
> 而是拿起一本书，读到深夜。
> 当你关灯时，你会感到放松。
> 你会进入深度而宁静的睡眠
> 醒来后神清气爽，
> 准备全力以赴。

夜间睡眠很重要，但白天的休息呢？如果你有一个弟弟或妹妹，你知道他们都会午睡。小孩子需要更多的睡眠，所以他们经常每天下午小睡几个小时。你可能已经长大了，不需要午睡，但这并不意味着你不需要休息。听从自己的身体。如果你在学校度过了漫长的一天并进行了体育运动，那么休息一下是合适的。不午睡怎么休息？你可以躺下阅读、与家人聊天或听音乐。你也可以做点轻松的手工或做点让你舒服的兴趣爱好，比如弹钢琴或画画。给自己一些休息时间，让你的大脑和身体得到充分放松。

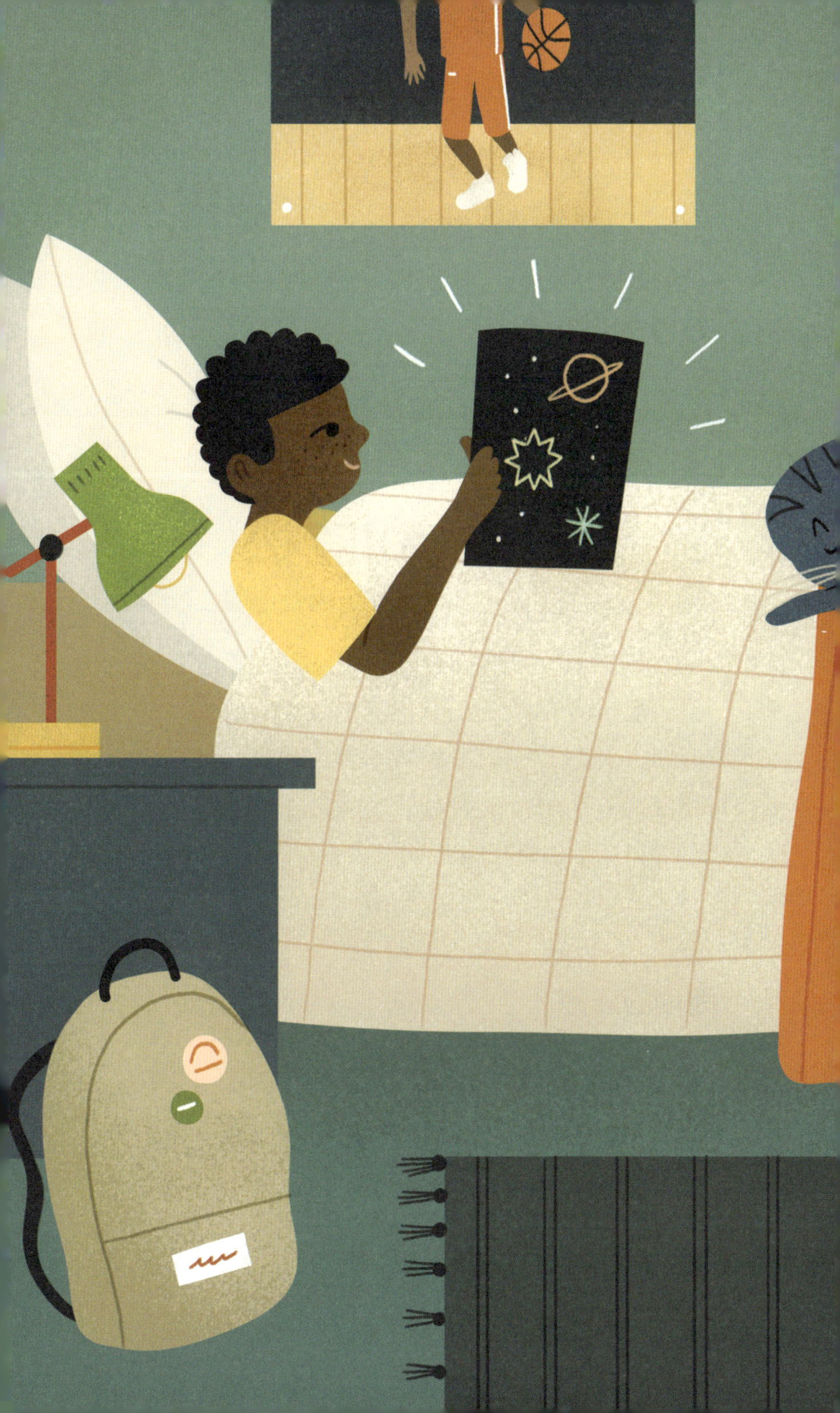

娱乐和放松

电视、电影、游戏和应用程序,这些娱乐活动都备受欢迎!你可能会看点自己喜爱的电视节目或在平板电脑上玩游戏,但我们不应该花太多时间以这种方式娱乐自己。优雅儿童心里清楚:更充实的生活方式是出门体验生活,而不是停留在屏幕后面的虚拟现实里。

阅读的乐趣

在娱乐方面,我们每天应该花更多的时间阅读而不是玩手机。阅读能积极地调动你的思想和想象力。阅读的好处是巨大的!请查看以下列表,了解阅读的好处。

阅读的好处

提高智力：	与电视相比，阅读能让你接触更多的文字，扩充你的词汇量并提高拼写能力。
放松压力：	根据英国萨塞克斯大学 2009 年的一项研究，阅读可以减轻多达 68% 的压力。
提升写作水平：	不仅你的词汇量和拼写能力会提高，阅读也能提升你写作能力。
提高分析能力：	例如，如果你在阅读中碰到一个谜团并试图在读完本书前解开它，那么你会分析正在阅读的内容。良好的批判思维和分析能力是重要的生活技能。
提高注意力：	我们每天在电子设备上花费了大量时间，这导致注意力容易分散。坐下来阅读一本好书，可以提高我们的专注力。
提高学校表现：	你阅读得越多，你在学校的表现就越好。因为阅读可以提高我们的词汇量、拼写、理解能力、分析能力和批判性思维能力，这些对你的学习大有裨益。

- 小任务 -

腾出时间来阅读

每天安排一些阅读时间。可以是睡前 40 分钟，也可以是一天中的任何其他时间。找一个光线充足、舒服且不会被打扰的地方看书。夏天你可以在吊床上阅读！冬天你可以坐在壁炉旁的扶手椅上舒舒服服地沉浸在书的海洋里。找到适合自己的阅读地方和时间。定期去当地的图书馆，以便随时准备好下一本要看的书。疯狂地阅读，你会在生活中看到由此产生的各种益处。

感到无聊？

如果你感到无聊又不知道做什么，这里列出了 50 项活动（尝试着使自己远离电子屏幕）。

50 项替代看电子屏幕的活动

烤蛋糕或制作饼干。

学习如何炒鸡蛋。

自制橡皮泥。

制作史莱姆软泥。

室内攀岩。

骑自行车，滑板车，滑滑板，滑旱冰。

远足。

为朋友们制作一个寻宝游戏和地图。

读一本书。

写一本书。

写一首诗。

种一些植物。

摘花。

给花园除草。

玩学校扮演游戏。

玩商店扮演游戏。

学习木工。

演戏。

观看舞蹈表演。

观看马戏团表演。

观看木偶戏表演。

画水彩画。

用粉笔画画。

画个世界上最长的"跳房子"。

跳绳。

玩餐厅扮演游戏。

用枕头做个堡垒。

在后院搭个帐篷,去那里露营。

游泳。

学习制作你最喜欢的美食。

记住各省市自治区的名字并搞清楚它们在地图上的位置。

制作浴盐。

去图书馆。

学习如何演奏一种乐器。

从头开始制作比萨。

学习缝纫。

玩棋牌游戏。

给家人写信。

学习国际象棋。

学习一项新运动,如羽毛球或乒乓球。

种植一个窗台花箱。

遛狗。

清洁鱼缸。

整理卧室。

翻阅烹饪书。

编一个笑话。

玩找词游戏或填字游戏。

在纸上画个迷宫,让别人来解谜。

自制冷冻酸奶汽水。

快速跑过自动洒水器。

自制橡皮泥

自制橡皮泥容易又有趣。
如果妥善存放在密闭容器或封口袋中,这款自制橡皮泥也可以玩很长时间!

制作4杯所需材料如下:
2杯(480毫升)水
1杯(280克)盐
2汤匙(30毫升)植物油
2汤匙(20克)塔塔粉(酒石酸氢钾)
2杯(240克)面粉
食用色素

在平底锅中混合水、盐、植物油和塔塔粉,加热至温热。你需要一个家长的帮助。关火,加入面粉。用勺子搅拌均匀。将混合物转移到砧板上并揉成面团。将面团分成四块。用食用色素给每个面球添加不同的颜色。揉面团,直到颜色均匀。里面加入的塔塔粉可以使面团保存很长时间。存放在贴有标签的密闭容器中,让它们保持湿润。祝你玩得开心!

史莱姆软泥基础款

这种半透明的软泥做起来容易,玩起来也有趣。

1/2 杯(120 毫升)透明胶水
1/2 茶匙(3 克)小苏打
1 滴食用色素
亮片、彩纸或香薰油(可选)
2 到 3 汤匙(30 到 45 毫升)隐形眼镜护理液
烹饪喷雾剂

把透明胶水、小苏打和食用色素放进碗里混合。如果你想添加其他成分,如亮片、彩纸或香薰油,现在就可以加进去。最后,边搅拌边加入隐形眼镜护理液,直到黏液结块,不再粘在碗的边缘。用烹饪喷雾剂轻轻喷洒,以避免软泥过分黏稠。将其存放在贴有标签的密闭容器中。

DIY 浴盐

浴盐为你的沐浴时间增添了光彩和活力。它们使用起来实在太有趣了！这一配方是在斯旺森健康产品的基础上改进而成的。

1/2 杯（65 克）小苏打
1/4 杯（35 克）玉米淀粉
1/4 杯（60 克）泻盐
1/4 杯（30 克）柠檬酸
3 到 4 茶匙（15 到 45 毫升）融化的椰子油
1 到 2 茶匙（5 到 10 毫升）水
1 茶匙（5 毫升）精油（薰衣草、薄荷或柠檬效果都很好）
食用色素（可选）

将小苏打、玉米淀粉、泻盐和柠檬酸放进碗里混合均匀。在另一个碗中，加入椰子油、水、精油和食用色素（可选）。慢慢地将湿材料加入干材料里，用打蛋器搅拌直到二者完全融合。（如果你想使用不同的颜色来创造漩涡效果，可以把混合物分成不同的批次。）当混合物看起来足够湿润可以黏连在一起时，用力将其压入浴盐模具，直到模具被填满。（你也可以使用硅胶冰块盘或其他硅胶模具。）然后去除模具侧面的多余部分。让混合物在模具中静置 5 到 10 分钟，然后小心地将其取出，晾干 24 小时后再使用。

欢笑

我们正在努力通过良好的饮食、锻炼、睡眠和远离电子设备的爱好来培养一种健康的生活方式,但你知道笑声也是健康生活不可缺少的组成部分吗?对我们健康伤害很大的敌人之一是压力,而最好的解毒剂就是笑声。解毒剂是用来对抗特定毒物的药物。所以,压力是毒药,欢笑便是解毒剂。你有没有听过"笑是最好的解药"这句话?这是真的!笑声将是帮助我们缓解压力的解药。

让我们来谈谈压力。你可能认为只有成年人才会有压力,但实际上小孩子也会有压力。如果你曾经为了重要的考试而努力学习,或者为了某个快到截止日期的学校项目努力奋斗,那么你就可能经受过压力。如果生活中有尚未解决的问题,或存在你不满意的情况,这些都可能会让你感到压力。压力是每个人生活中不可避免的一部分,重要的是我们要能觉察到自己身处压力之中,并且不要让自己长期处于压力之下。请记住,压力是毒药,而欢笑是可以治愈它的良药。

你有没有过笑得太厉害以至于笑不出来的时候?换句话说,你有没有笑哭过?当我们真正地放声大笑时,我们会体验到强烈的喜悦情绪。笑容是会传染的! 我敢打赌,你美妙的笑声会让你爱的人也想绽放笑容。在这个有趣的部分,让我们来探索一些让你发笑的游戏和挑战吧。每当你感到压力时,都可以求助于这些方法。吃"欢笑解毒剂"的时候到啦!

如果你感到悲伤、无聊或压力大时,下面这些是你可以做的一些事情。和你爱的人一起玩这些游戏,你一整天的心情都会好转。让笑声治愈你吧。优雅儿童们知道傻里傻气也没关系! 让自己玩得开心点,让你的笑声响起,传到别人的耳朵里,营造欢乐的氛围。

石头脸游戏

和三个或更多家人朋友一起玩这个游戏。人越多越欢乐。一个人当"石头脸",其他人扮演小丑。石头脸必须板着脸坐下,不能微笑或大笑。小丑们轮流想办法让石头脸笑出来。每个小丑有 30 秒时间。小丑不能触碰石头脸。如果石头脸发笑，他就变成小丑，而让他发笑的人就变成了下一个石头脸。

香蕉挑战

找两个或两个以上的朋友或家人。每个人拿一根香蕉。脱掉鞋袜。把手放在背后，尝试只用脚趾剥开香蕉皮。第一个剥好香蕉的人获胜！在这个游戏中尽量不要笑。但这不可能！

大象行军比赛

这个游戏真的搞笑至极。叫上你的家人和朋友，准备好捧腹大笑吧！

所需道具：

垒球或大橙子
连裤袜
10 到 12 个水瓶

将垒球或大橙子放在连裤袜的底部。将连裤袜套在头上（但要确保你仍然可以呼吸）。装着球的裤袜看起来像象鼻。将水瓶在你面前摆成两排。游戏的目标是：摆动你的头，用你的"象鼻"击倒水瓶。你必须走在两排水瓶道路的中间,这需要你很好地摆动你的"鼻子"。你有1分钟的时间来完成游戏。每个人轮流玩这个游戏,击倒瓶子最多的人获胜。

舞链

这个游戏会让你使出浑身"舞术",能让你开怀大笑。第一个人先做一个简单的舞蹈动作,比如扭动。第二个人重复扭动的动作,然后加一个自己的舞蹈动作,例如晃动右脚。第三个人进行扭动身体,晃动右脚,再增加另一个动作。其他人也都加入进来让游戏继续,直到你们都跳着同样的疯狂的长舞!

叮叮当当的游戏

哦,亲爱的,这个游戏超级"傻",而且有趣极了! 一个人戴着眼罩,其他一起玩的人必须发出嗡嗡的声响。戴眼罩的人要根据声音,猜出其他人的身份。

欢笑游戏

在这个游戏中,你们要轮流互相提问。回答者只能用选定的单词或短语回答。比如,你可以这样问:你坐在什么上面?你住在哪里?你吃什么?你的口袋里有什么?你可能得到这样的回答:臭袜子、压扁的香蕉、融化的糖果。选择你喜欢的问题,指定你喜欢的答案。关键是玩的时候绝对不要笑。这真的太难做到了!

关于健康的寄语

健康的生活方式之所以值得尝试,不只是因为这让你每天都会感觉更好,而是这本身也是一件趣事。选择健康的生活是令人愉悦的。想象一下那种你把大部分时间都花在玩电子游戏和吃甜甜圈的生活。是的!虽然在星期六下午这样做做还不错,但你绝对不想一辈子都这样生活。你要去户外活动,吃那些能给你提供营养的食物。你想要身体健康、充满活力。你想欢声笑语,享受生活。当你面临吃什么或做什么的选择时,问问自己怎样才会更健康,然后选择让你健康的生活方式。作为优雅儿童,健康的选择将伴随你一生。

优雅儿童的未来

这本书已接近尾声,你已经学习了如何成为一个优雅儿童。要成为优雅儿童,你要努力保持礼貌,有良好的餐桌礼仪,保持个人整洁和良好的卫生习惯,学会为他人着想,吃健康的食物,并得到充分的锻炼和休息。哎!这么多事情光想想就让人筋疲力尽了!真的有人能做到吗?

真正的优雅儿童或许并不能把所有的事情都做得尽善尽美,但他们总是尽最大努力并以积极的态度去做。要成为真正的优雅儿童,需要记住的是,重要的是做你自己。做你自己,享受健康生活,只要一直尽力就好。你在本书中学到的所有内容都会一路伴随着你,帮助你。

你会经历失败和成功，有好日子也有坏日子，但真正的优雅儿童知道最重要的是拥有快乐的心灵。以快乐的心情去做每一件事！搞砸了，就振作起来重新开始。明天有的是新的机会。继续尝试本书中的办法，总有一天你会发现自然而然地就能做好了。那时候，你可以自豪地把自己称为优雅儿童，并且激励其他人也这么做。没错，你很重要，也很了不起，你小小的举动可以让世界变得更美好。所以，行动起来，享受迈向优雅儿童的每一个步伐。

结语

非常感谢我的经纪人埃丽卡·西尔弗曼和泰鼎多媒体技术有限公司；感谢我的编辑莎拉·比林斯利和编年出版社团队；感谢我的朋友、读者和《每日鉴赏家》的观众；感谢我的家人，尤其是我的丈夫和孩子，他们满怀热情地接受了书中的每一个挑战。我真的很爱你们。